家庭科，技術・家庭科

これならできる
授業が変わる
評価の実際

「関心・意欲・態度」を育てる授業

編著者

中村　祐治　　堀内かおる

岡本由希子　　尾崎　誠

開隆堂

これならできる 授業が変わる 評価の実際
「関心・意欲・態度」を育てる授業

もくじ	2
まえがき	4
第1部 これならできる！「関心・意欲・態度」の評価	5

第1章 "育てる"評価のエッセンス ……………………（6）
「関心・意欲・態度」は"育てる"学力（6）
生徒たちの"育ち"は，ワークシートの記載内容に表れる（7）
"育ち"を読み取るための手順は3つ（12）
忘れ物チェックや発言の回数に頼らない評価へ（14）

第2章 "育てる"ワークシートをつくるには ……………（16）
「たった3枚」から生まれる"大きな感動"（16）
ワークシートをつくってみよう（20）
ワークシートを実際につくってみて（22）

第3章 "育ち"を促す「働きかけ」…………………………（24）
「働きかけ」が生徒たちの"気づきや思い"を膨らませる（24）
『関心・意欲』の育て方（28）
技術分野の育て方（授業展開例）（30）
家庭分野の育て方（授業展開例）（34）

第4章 ワークシートの記載内容から"育った"姿を読み取る ………（38）
3種類のワークシートから何を読み取るか（38）
3種類のワークシートからどのように読み取るか（40）
技術分野　読み取りの具体例（44）
家庭分野　読み取りの具体例（48）

★コラム★
　ワークシート（8）
　空白がもつ意味（11）
　言葉かけは生徒の言葉で（13）
　3種類のワークシートは3枚がよい（14）
　問いかけは短い言葉で（17）
　3年間の学びの感想「知の作品」（19）

第2部　ケーススタディ ——— 53
　　1．児童の生活実感に沿うキーワードの工夫（54）
　　2．「授業ごとの感想」を有効に活用する工夫（56）
　　3．見る・触る・体験する　働きかけの工夫（58）
　　4．問いかけを工夫した実践（60）
　　5．実物の観察などから働きかける工夫（62）
　　6．「授業ごとの感想」からの読み取り（64）
　　7．ロングスパンで働きかけを工夫する実践（66）
　　8．ショートスパンで働きかけを工夫する実践（68）
　　9．書く時間を確保することの大切さ（70）
　10．キーワード選びの失敗から学ぶ（72）
　11．判定表を先に作成してから授業にのぞむ工夫（74）
　12．途中からキーワードを加える工夫（76）
　13．授業単位の記載活動からステップアップ（78）
　14．キーワードを変えずに働きかける大切さ（80）
　15．3年間で大きく育った「関心・意欲・態度」（82）
　（付録）原寸大　3種類のワークシート（86）

第3部　より確かな「関心・意欲・態度」の評価のために ——— 89
　評価の4観点の性格と「関心・意欲・態度」（90）
　「関心・意欲・態度」の評価規準（94）
　『関心・意欲』の育ち方と読み取り（95）
　生徒と教師がともに育つ（99）
　学校教育としての「関心・意欲・態度」の評価（101）

★コラム★
　短い授業時数の題材スパンで読み取り（29）
　「B　情報とコンピュータ」では，目に見えるような問いかけを（33）
　「題材初発の感想」があると"文章力"にとらわれない（37）
　問いかけは慎重に（40）
　「題材初発の感想」を書けなかった生徒や，「題材初発の感想」を準備しなかった場合の評価（41）
　段階的な評価の実践化計画の例（52）
　失敗は成功のもと「失敗しながら条件を整えていく」（103）

まえがき

　本書を手に取られたみなさんは観点別学習状況の「関心・意欲・態度」の評価方法でご苦労なさっていることと推察する。評価とは，忘れ物や挙手の回数及び私語の有無などのチェックではないと分かりながら，この方法に頼らざるを得ない現状があると思う。
　本書は，「関心・意欲・態度」についてどう読み取り評価するかを述べたものでなく，この力をどう育てるかを示し，育てた力を容易に評価する方法を示したものである。
　「関心・意欲・態度」の趣旨を生かした評価方法については，公立中学校での数年間の実践に基づき研究を積み重ね，最後の仕上げを横浜国立大学教育人間科学部附属鎌倉中学校で実践した。その結果ようやく，これまでにない評価方法として確立できたのではないかと自負している。
　本書での評価方法は，一時的に表出した行動や態度で評価するのでなく，児童・生徒がじっくりとワークシートに記載することで，育て，育った姿を，記載内容から読み取るものである。ぜひ一度この方法をお試しになり，評価の事務処理が軽減され，児童・生徒や保護者から信頼が得られることを実感していただきたい。

2006年9月　中村祐治

　評価は何のために行うのか。それは，児童・生徒たちの学習到達度をとらえるのみではなく，児童・生徒たちが授業をどのように受け止め，何を学び取ったのかについて教師自身がふり返り，次の授業の展開を見直すうえでの教師にとっての手がかりを得るためでもある。
　このようなねらいをもつ評価を行ううえで重要なことは，児童・生徒たちの学びのプロセスをていねいに見取ることが可能となるような方法を用いるということである。
　学習を通して，一人ひとりの児童・生徒がどのようなことを考え，どのようなことに気づき，自分自身の生活にかかわらせて何を考えたのか。学習に対する児童・生徒たちの思いや願いを汲んでこそ，一人ひとりの児童・生徒に即した評価が可能となるであろう。学習を通した児童・生徒の「育ち」が読み取れるような評価方法が求められるところである。
　本書には，ノートやワークシートへの記載から児童・生徒たちの「関心・意欲・態度」の変容を読み取るための手続きと方法が紹介されている。本書を参考に，目の前の児童・生徒たちの「育ち」を見取り，さらなる学習指導の展開に向けて授業の工夫が行われることを期待したい。

2006年9月　堀内かおる

第1部 これならできる！「関心・意欲・態度」の評価

情意面の評価は、その必要性が叫ばれながら、手順や方法論についてきちんとした研究や検証が行われてこなかった。「関心・意欲・態度」について、生徒たちのどこに注目して、どのように評価したらよいか、多くの技術科教員・家庭科教員は迷っている。

第1部では、3種類のワークシートを使い、記載活動を継続させることで生徒の気持ちや思いの変化を記録の形で残していくなかで、「関心・意欲・態度」を育て、育った姿を客観的に評価していく方法を示している。

第1章は評価の方法についての概要であり、第2～4章で具体的な説明を行っている。
第2章では3種類のワークシートの準備、第3章では授業展開の要点、第4章では読み取りと評価の要点についてまとめている。

技術分野・家庭分野共通

第1章　"育てる"評価のエッセンス

「関心・意欲・態度」は"育てる"学力

1　"育てる"評価は長期スパンで

→p.8コラム「ワークシート」参照。

観点別学習状況の観点「生活や技術への関心・意欲・態度」（以下「関心・意欲・態度」）は，長期間にわたって少しずつ授業で育てる学力であり，一時的・瞬時に表出した忘れ物や私語の有無，授業態度，挙手や発言の回数ではない。題材学習ごとのそれぞれの要所で**ワークシートへの記載活動を行い，記載内容に表われた「関心・意欲・態度」の"育ち"の姿を題材学習の最後に読み取り評価する**と，授業時間ごとにチェックする必要がなくなり，評価の処理事務が楽になる。

2　ワークシートを使い，客観的な資料を蓄積

→詳しくは，p.8及び第2章〜第4章

授業時間ごとに，クラス全員の精密な行動資料を収集するのは至難の業であり，授業の目的が，評価資料の収集になってしまう。

ワークシートの記載内容の変容のしかたで評価すると，時間をかけずにだれにでも納得できる評価ができる。

3　記載活動を授業時間ごとのまとめとして

技術・家庭科は，体験的・実践的な学習活動を重視することから，ワークシートに記録させる時間がないと思われるかもしれない。しかし，授業時間ごとのまとめとしてワークシートへの記載活動を位置づけてしまえば，生徒たちも慣れるし，短時間でも効果的な活動となる。題材学習の最初と最後には少し時間をかけたいが，授業ごとの記載活動は，ほんの数分あればよい。

4　3種類のワークシートと授業での「働きかけ」

たった3種類のワークシートの用意と，教師の意識的な働きかけがあれば，これまで難しいと考えられがちだった「関心・意欲・態度」の評価はだれもが簡単に行えるようになり，忘れ物や挙手，発言回数などのチェックの重圧から教師も生徒も解放されて評価が楽になっていく。

生徒たちの"育ち"は，ワークシートの記載内容に表れる

1 働きかけが生徒の"育ち"を促す

「関心・意欲・態度」は，計画・設計・作業や実習などの学習活動に応じた教師の働きかけにより，生徒たちの内面で少しずつ育つ（図1上部）。内面で育った姿は，ワークシートへの記載活動により，**記載内容の変容に表出していく**（図1下部）。つまり，題材学習前（以下「**題材初発**」）と題材学習後（以下「**題材終末**」）に適切なワークシートを用意することができれば，その記載内容から生徒たちの"育ち"を読み取ることが可能となる。

教師の働きかけにより学習対象への意識や考え方が変化すれば，単語や短文の羅列から，生徒自身が"気づきや思い"を記述できるようになる。学習活動を進めるなかで，教師が行う"育ち"を促すための「働きかけ」は重要となる。

 無意識の関心を呼び起こす　働きかけにより刺激を受ける生徒の内面で育つ「関心・意欲・態度」　内面で膨らんだ関心

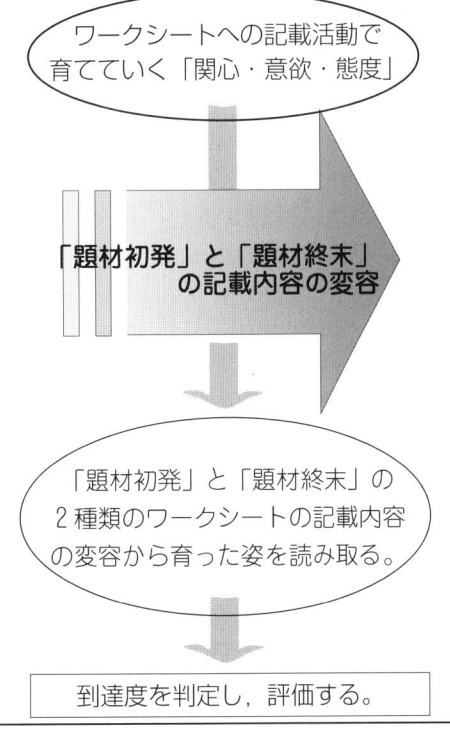

図1　"育ち"の姿を読み取り評価するイメージ

2 ワークシートの記載例から評価するイメージ

次ページ以降に示す到達度「A」(十分満足)、「B」(おおむね満足)、「C」(努力を要する)の判定例は、「題材初発」及び「題材終末」の2つのワークシートを比べ、記載内容の変容を読み取り、「関心・意欲・態度」がどう育ったかを到達度別に判定したものである。

技術分野「A 技術とものづくり」で示すイメージ例

→具体的な題材の展開については、p.31を参照。
判定表の例については、p.44を参照。

<実践の概要> この例は、第1学年後期の基礎学習題材「ちょっと上手なものづくり」(16時間)である。『材料って何だろう？』をキーワードに、技術室の材料を見つける、キーホルダーや本立ての練習作品を製作しながらさまざまな材料を加工し、切りくずやにおい、触り心地などに注目、かんなの削りくずを友だちと比較、素材に関する新聞記事の掲示などで働きかけた。その結果、材料に関する知識が増えたり（B判定）、材料に対する驚きや強い興味を示す記述（A判定）が見られるようになった。

家庭分野「A 生活の自立と衣食住」で示すイメージ例

→具体的な題材の展開については、p.35を参照。
判定表の例については、p.48を参照。

<実践の概要> この例は、第2学年後期の学習題材「わたしたちの衣生活」(10時間)である。『衣生活』をキーワードに学習を実践した。自分らしい着方を描くなかで、服の種類や布地の材質、上衣と下衣の組み合わせ、靴やバックなどの小物を意識させた。また、ボタン付けなどの実習を通して感じたことをふり返らせた。その結果、衣服に関する知識が増えたり（B評価）、衣服を選ぶときに表示を見るようになったり、自分の制服のボタン付けを行ったなどの記述（A評価）が見られるようになった。

ワークシート

本書での「ワークシート」とは、生徒が授業の感想を記載するシートのことであり、題材学習前の『題材初発の感想』、題材学習後の『題材終末の感想』、題材の学習課程の「授業ごとの感想」の3種類（p.12に示す）からなっている。

「ワークシート」の機能は、記載活動により「関心・意欲・態度」を育てるとともに、「関心・意欲・態度」の到達度の判定に役立てることにある。

「ワークシート」は、「関心・意欲・態度」用の3種類を単独で取り扱ってもよいし、他の学習情報、実習・作業等の学習や計画のまとめなどのワークシート類をいっしょに綴じてポートフォリオ的に扱ってもよい。

◆「A」と判定した記載例－記載内容の変容が大きい場合◆

技術分野の例

○〔「材料って何？」と聞いて，『今』思いつくことを書こう〕に対する生徒の記載例

《題材初発の感想》
- 物を作るにあたって必要となる素材
- 自然または，科学的な物質
- 物に含まれている物質
- さまざまな種類がある
- あらゆる物が成り立っている土台

《題材終末の感想》
- ストロー状の繊維
- こぐち→繊維方向と垂直，こば→こぐちと垂直
- さまざまな形に加工できる
  →いろいろなことに使われる
- 身近にたくさんある物なのに，知らないことばかりでした。木材のさまざまな面を知れたと思います。ハマってきたので，もっと木材に詳しくなりたいです！

コメント

学習前は抽象的な表現だったが，学習後には授業で学んだことや，"いろいろなことに使われる"と自分で気がついている。さらに，材料について"知らないことばかり"だと気づいたうえで"もっと詳しくなりたい"という態度に結びつく気持ちが育っている。

家庭分野の例

○〔「衣生活」と聞いて，『今』思いつくことを書こう〕に対する生徒の記載例

《題材初発の感想》
- 色合い　○洗たく　○体を温める
- ミシン　○補修　○表現　○縫う
- 個性が現れる　○着る　○糸　○文化
- ズボン　○たたむ　○制服　○身分を示す
- スカート　○丈　○ボタン　○スーツ
- Yシャツ　○リフォームできる
- アイロン　○ほとんどの人が着る
- 季節ごとに変わる

《題材終末の感想》
「衣服」は買うときから処分するまで，考えなければいけないと思う。(中略)ずっと衣服について無関心だったが，今回の学習を通して衣服というものが生活と密着していることが分かった。(中略)これからは，自分でもできるようになったので，自分から衣服の点検，補修をしていきたい。今度は，衣服が駄目になったときや欲しくなったときは，自分でリフォーム・作成にチャレンジしたい。昔よりも衣生活についての知識は増えたと思うので，生かせることはとにかく生かしていきたい。

コメント

題材初発では衣服の役割を主に記述していたが，題材終末では知識の広がりや自分の生活をよくしていこうという態度に結びつく記述があることから，Aまで到達したと判断した。

◆「B」と判定した記載例―記載内容に変容が認められた場合◆

技術分野の例

○〔「材料って何？」と聞いて，『今』思いつくことを書こう〕に対する生徒の記載例

《題材初発の感想》

- ○木　○材木　○紙　○金　○銀　○銅
- ○ねんど　○プラスチック　○ガラス
- ○ゴム　○かがみ　○ビニール
- ○紙ねんど　○発泡スチロール　○鉄
- ○布　○ポリエステル　○絹　○糸
- ○ひも　○亜鉛　○なまり

《題材終末の感想》

- ○プラスチック　○木　○鉄
- ○発泡スチロール　○金属　○銀　○銅
- ○金　○ガラス　○紙　○布　○絹
- ○ゴム　○コンクリート　○粘土　○石
- ○合板　○パーティクルボード　○集成材
- ○パイン集成材　○単板　○木材　○アルミニウム　○スチール　○化学繊維

材料はたくさんあることがわかりました。加工するのが楽しく，材料はおもしろいなと感じた。

コメント

材料の種類が増え，技術分野で学習する内容に変化した。「化学繊維」は授業で扱っておらず，これと「材料はおもしろい」の感想から関心が深まったと判断した。もっと生活に広げて欲しい。

──────────────────

家庭分野の例

○〔「衣生活」と聞いて，『今』思いつくことを書こう〕に対する生徒の記載例

《題材初発の感想》

- ○服を買ったり，つくったりすること
- ○服を自分の好みや目的に合わせて着る
- ○手入れをして長く使うこと
- ○着ることができなくなったものを捨てたり，人にあげた別のものにして使ったりすること

《題材終末の感想》

- ○衣生活とは，衣服のはたらきを知り，場所や季節，着る人の好みで服装や素材をかえたり，服を買ったり，つくったりすることだと思います。
- ○服を直したり，つくったりすることは，やりかたを知ればだいたいのことができると思い，もっといろいろな縫い方を知りたいと思いました。また，衣服の素材をみたり，手入れの仕方をみたりして衣服を買ったりしていきたいとも思いました。

コメント

衣服に関する知識の広がりやもっと知りたいという思いは感じられる。しかし，自分の生活のなかで変わったことや生かしていくという記述が少ないので，Bという判断をした。

◆「C」と判定した記載例－記載内容の変容が小さい場合◆

技術分野の例

○〔「材料って何？」と聞いて,『今』思いつくことを書こう〕に対する生徒の記載例

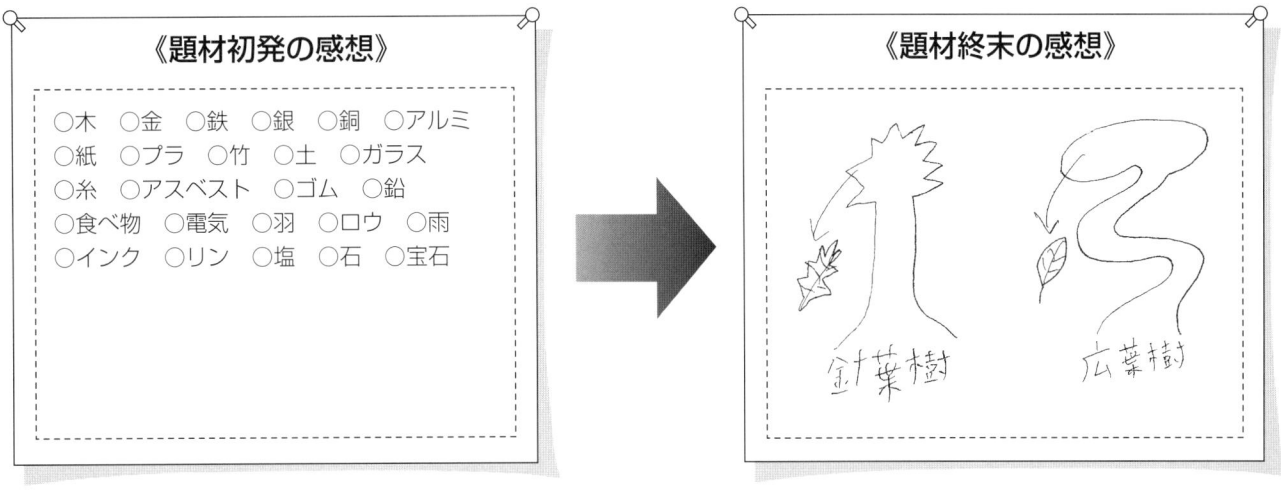

《題材初発の感想》
○木　○金　○鉄　○銀　○銅　○アルミ
○紙　○プラ　○竹　○土　○ガラス
○糸　○アスベスト　○ゴム　○鉛
○食べ物　○電気　○羽　○ロウ　○雨
○インク　○リン　○塩　○石　○宝石

《題材終末の感想》
針葉樹　広葉樹

家庭分野の例

○〔「衣生活」と聞いて,『今』思いつくことを書こう〕に対する生徒の記載例

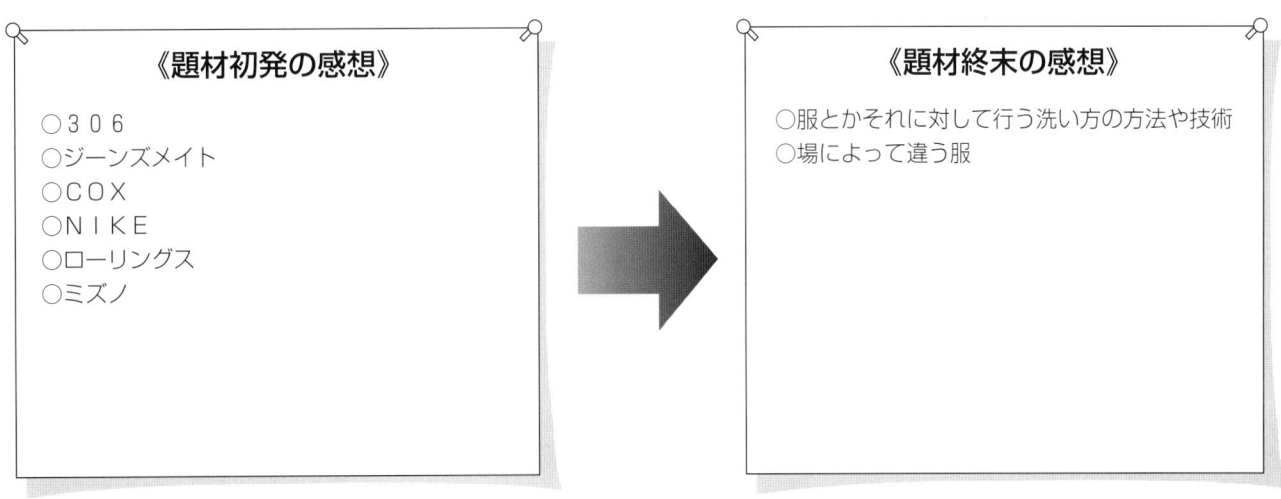

《題材初発の感想》
○３０６
○ジーンズメイト
○COX
○NIKE
○ローリングス
○ミズノ

《題材終末の感想》
○服とかそれに対して行う洗い方の方法や技術
○場によって違う服

コメント

（技術分野・家庭分野共通） 記載量が減っていること，授業で扱った内容の知識は記載としては若干増えているが，知識が広がったとは見られず，B基準（第4章を参照）まで到達できていないことから，Cと判断した。

空白がもつ意味

空白も表現の手段であると考え，初発は空白でもよいと思うと指導が楽になる。『題材終末の感想』を記載するとき，空白の意味を感じ，自分の学習の進歩を知る。だから，ワークシートの枠は題材初発と題材終末で同じ大きさにする。

"育ち"を読み取るための手順は3つ

「関心・意欲・態度」の評価は，①ワークシートを準備し，②学習活動での教師の働きかけにより「育ち」を促し，③ワークシートから「育ち」の姿を読み取ることによって可能となる。ここで，3つの手順について，押さえておきたいポイントを整理しておく。

手順1　3種類のワークシートの準備　　　詳細は第2章（p.16～）

↓

手順2　「関心・意欲・態度」を育てる働きかけ　　詳細は第3章（p.24～）

↓

手順3　育った「関心・意欲・態度」の読み取り　　詳細は第4章（p.38～）

1　〔手順1〕　3種類のワークシートの準備

→キーワードについてはp.20, 24～を参照。

まず，題材学習で関心を向けさせたい**"キーワード"**を考える。

> 例えば，「材料」「消費生活」「コンピュータでできること」「子どもの生活」など

次に，キーワード（下記の「○○」）を入れた**3種類のワークシート**を準備する。

> ⓐ **題材の初発で記入する『題材初発の感想』のワークシート**
>   「○○と聞いて，今，思いつくことを書こう」「○○って何だろう？」
> ⓑ **授業の終末3～4分程度で記入する『授業ごとの感想』のワークシート**
>   「○○について，感じたことや思ったことを書こう」
> ⓒ **題材の終末で記入する『題材終末の感想』のワークシート**
>   「○○と聞いて，今，思いつくことを書こう」「○○って何だろう？」
>   『題材初発の感想』と比較しやすいよう，形式はⓐのワークシートと同じにする。

ⓐ『題材初発の感想』　　　ⓑ『授業ごとの感想』　　　ⓒ『題材終末の感想』

図2　3種類のワークシート（技術分野）

2 〔手順2〕「関心・意欲・態度」を育てる「働きかけ」

◆題材の初発の授業でのワークシートの記載活動

学習を始める前に，ⓐ『題材初発の感想』のワークシートを記入する学習活動

　授業の前半10～15分程度で，落ち着いて記入させ，「キーワード」を意識させる。

◆授業ごとでの働きかけとワークシートの記載活動

← 働きかけについては，第3章p.24～を参照。

「気づく」「感じる」を促す教師の働きかけ

　知識や技能を学習する場面で，生徒の気づきを促す言葉がけをする。
　「切りくずはどうなっているかな」「どこに情報が記録されているんだろう」
　「どうして子どもはあんな行動をとったのだろう」「味の違いは何だろう」

多くの感覚を刺激する働きかけをする

　見る，聞く，触る，嗅ぐ，味わう，加工するなどの感覚を通して，「キーワード」を意識した発問をする。
　「臭いはどうかな」「触った感じはどう違うか」「どんなことを感じた？」

ⓑ『授業ごとの感想』のワークシートに感じたことを記入する学習活動

　授業の終末3～4分程度で学習をふり返り，少しずつ生徒の"気づきや思い"を刺激する。

◆題材終末の授業でのワークシートの記載活動

学習のまとめとして，ⓒ『題材終末の感想』のワークシートを記入する学習活動

　ⓐ『題材初発の感想』とⓑ『授業ごとの感想』のワークシートを見ながら，授業の後半15～20分程度で記入させる。静かな環境で落ち着いて記入させる。"気づきや思い"の変化に気づかせ，「関心・意欲・態度」の成長を確かなものにする。

3 〔手順3〕育った「関心・意欲・態度」の読み取り

（1）ⓐ「題材初発の感想」とⓑ「題材終末の感想」を並べる。
（2）2枚のワークシートを比較し，3段階で記載内容の変容を読み取る。

← 読み取りについては，第4章p.38を参照。

　第1段階　記載の「量」が増えたかどうか。　　　→関心が芽生え広がったか
　第2段階　記載の「質」が変化したかどうか。　　→関心が深まったか
　第3段階　記載内容に「情意」的な内容があるかどうか。→"気づきや思い"が育っていったか

（3）判定表（第4章を参照）で，育った「関心・意欲・態度」を評価する。

　例えば，第2段階に到達したらB判定，第3段階に到達したらA判定とする。

　慣れてくれば，生徒一人あたり20～30秒程度で読み取ることができるようになる。

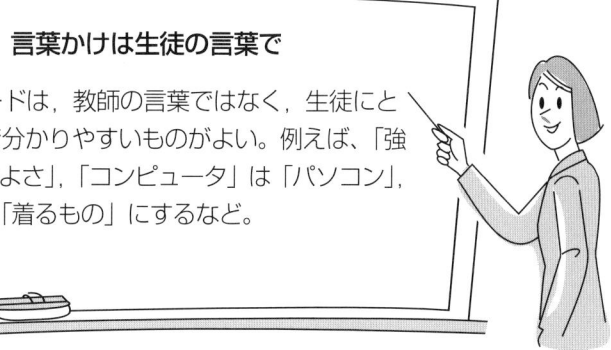

言葉かけは生徒の言葉で

　キーワードは，教師の言葉ではなく，生徒にとって単純で分かりやすいものがよい。例えば，「強度」は「つよさ」，「コンピュータ」は「パソコン」，「衣類」は「着るもの」にするなど。

忘れ物チェックや発言の回数に頼らない評価へ

1 「関心・意欲・態度」とは

（1）「関心・意欲・態度」を分けて考える

　「関心・意欲・態度」は，**他の3観点**[1]を習得する学習活動に深く連動しているだけでなく，それぞれが互いに密接に関連している[2]。ここでは，『関心』，『意欲』，『態度』それぞれがどのような意味内容をもっているかを検証してみることにする。「関心・意欲・態度」は表1のように，『関心』『意欲』『態度』に分けて解釈することができる[3]。

表1　評価規準

関心	生活や技術に関する関心，材料・情報・栄養・家族や家庭生活に対する関心
意欲	自ら進んで学習（調べ・表示・考え・操作）などをしようとしている意欲
態度	技術を生活で活用する態度，生活を充実向上するために実践していく態度

　なかでも『意欲』は生徒の問題より教師の授業運営の要素が大きく，『意欲』を単独で育てることは生徒の努力のみでは無理ともいえる。また，『意欲』を読み取るには全授業で，全生徒の状況を克明に把握していく必要があり，これは不可能に近い。
　そこでまず，『意欲』を『関心・意欲』や『態度・意欲』として考えることにする。

（2）『関心・意欲』が『態度・意欲』を引っぱる

　『態度』は「生活に生かしていこうとする態度」を評価しようとするのだから，評価すべき『態度』は生活のなかにあるのであって，そもそも授業のなかだけで読み取ることは非常に難しい。しかし，『関心・意欲』が育ち，情意面に変化が生まれれば，生徒たちは学校で学んだ知識や技能を家庭で活用しようと試みるようになるだろう。このことをもって『態度・意欲』が育ったと「みなす」ことができれば，『関心・意欲』を育てることで，最終的に「関心・意欲・態度」全体を育てることができる，と考えたのである。

（3）「関心・意欲・態度」は授業への関心ではない

　前出の『評価規準』によると，「関心・意欲・態度」は，『生活や技術について関心をもち，生活を充実向上するために進んで実践しようとする。』であり，提出物のチェック，忘れ物の回数，私語の有無，授業態度，挙手や発言の回数でないことは明らかである。
　多くの学校で，忘れ物の有無や挙手や発言の回数などを「関心・意欲・態度」の評価資料としているのは，これに変わるよい評価方法がないから，一時的に表出する態度や行動を「関心・意欲・態度」とみなしているのであろう。

脚注：

1）他の3観点…「生活の技能」（以下「技能」と称する），「生活や技術についての知識・理解」（以下「知識・理解」と称する），「生活を工夫し創造する能力」（以下，「工夫し創造」と称する）。

2）「関心・意欲・態度」と他の3観点との関連については，(p.90)を参照。

3）評価規準の作成，評価方法の工夫　改善のための参考資料(中学校)』平成14年2月国立教育政策研究所。

3種類のワークシートは3枚がよい〈失敗した実践からの改善〉

　「題材初発の感想」や「授業ごとの感想」と「題材終末の感想」を1枚(ポートフォリオ的)にまとめて実践したこともあった。しかし，感想記入欄が小さくなったことや，題材初発の感想に書き足してしまう生徒がいたことなどから3種類のワークシートを別々の用紙，つまり3種類3枚にしたほうがよいことが分かった。
　また，逆に「授業ごとの感想」を授業ごとの実習・作業等の知識や技能等のまとめといっしょにして授業ごとに書かせたこともあったが，「関心・意欲・態度」への"気づきや思い"のふり返りに連続性がなくなってしまった。そこで，「授業ごとの感想」は1枚のシートにまとめたほうがよいことが分かった。

2　長期スパンの"育ち"を重視

　「関心・意欲・態度」は図3のように，「技能」や「知識・理解」及び「工夫し創造」の到達と関連した学習活動での教師の働きかけにより長時間をかけ少しずつ育つものである。

　長期間かけて育った姿を評価するのだから，ワークシートの記載内容に表れた「育った姿の表出」を分析すればよい。授業ごとにチェックせずに済み，評価事務が楽になるのである。

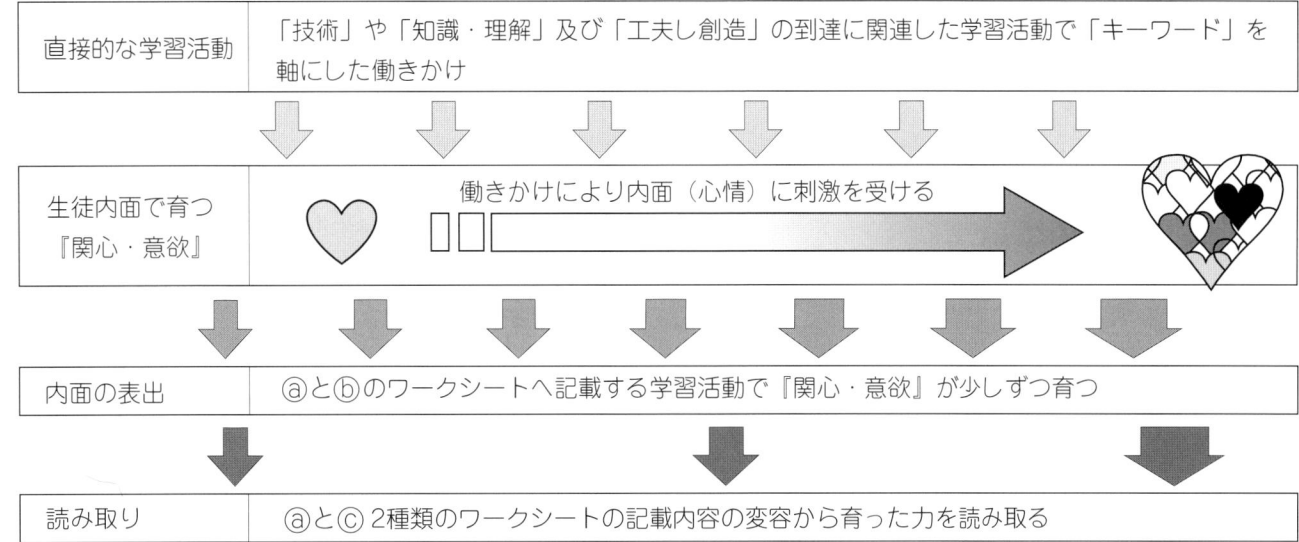

図3　『関心・意欲』に働きかけ「関心・意欲・態度」が育つ指導構成

3　ワークシートで客観的に読み取る

　生徒たちは図3のように，作業・実習・製作等の学習活動と関連した学習活動での教師の間接的な働きかけにより，内面に刺激を受ける。内面で育った『関心・意欲』を，"気づきや思い"という形でワークシートへ記載活動を行い，少しずつ育てていく。

　『関心・意欲』に働きかけ，ワークシートの記載内容の変容として表出したものが，育った「関心・意欲・態度」の姿であると「みなす」。育った「関心・意欲・態度」を評価する実践は，題材学習後にワークシートの記載内容から判定するので，生徒や保護者が納得できる評価になっているため，評価に対する問い合わせや苦情がなくなっていくのである。

　生徒は，教師の評価するまなざしから解放され，評価が自分の学習に必要であると意識した結果，授業への参加意欲が高まり，真の学習意欲がわくようになっていくのである。

　もちろんこうなるには，はじめは準備やトレーニングが必要である。しかし，実践を試みた教師は，少しの準備とコツの会得で，だれもが授業改善できるようになった。

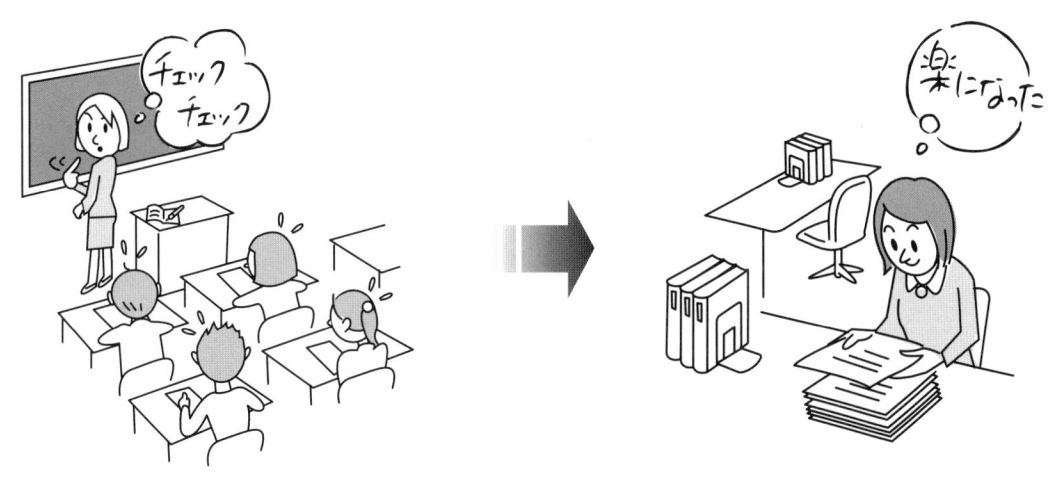

技術分野・家庭分野共通

第2章 "育てる"ワークシートをつくるには

「たった3枚」から生まれる"大きな感動"

　第1章では，3枚のワークシートを使って『関心・意欲』に働きかけ，「関心・意欲・態度」を育てていく評価の方法の概要を説明した。これら3枚のワークシートについては，それぞれが果たす機能や役割に応じて，押さえておくべきポイントがあるはずである。ワークシートを準備していくポイントは次の5点である。

※ワークシート作成のためのポイント

> 1．ワークシートは事前に準備
> 2．ワークシートの問いかけの工夫
> 　（1）問いかけの「キーワード」を決める
> 　（2）心情面の記載を求める問いかけを工夫する
> 　（3）「題材初発の感想」と「題材終末の感想」を同じ問いかけにする
> 3．「題材初発の感想」は，気軽に
> 4．「授業ごとの感想」は，各授業の終わりに
> 5．「題材終末の感想」は，すべての学習活動をふり返らせて

　これだけの準備で，『こんなに変わったんだ！』という大きな感動が生まれるのである。

1 ワークシートは事前に準備

（1）3種類のワークシートの機能と関係

　ⓐ「題材初発の感想」は，①無意識であった『関心・意欲』の"気づきや思い"を記載活動により意識化させる。②「題材初発の感想」の"気づきや思い"が「題材終末の感想」の段階でどう育ち，記載内容が変容していったかを読み取るための個人内評価の基準とする。③「題材終末の感想」と比べて生徒自身が自分の伸びを感じ，達成感を味わうなどの機能がある。

　ⓑ「授業ごとの感想」は学習過程で，各授業での"気づきや思い"をまとめとして記載し蓄積させるとともに，記載により「関心・意欲・態度」を少しずつ形成させていく機能がある。

　ⓒ「題材終末の感想」は，終末段階で「題材初発の感想」及び「授業ごとの感想」の蓄積の記載内容をふり返りながら学習のまとめをし，「関心・意欲・態度」を形成させていく機能がある。

　3種類のワークシートの関係は図4に示すようである。

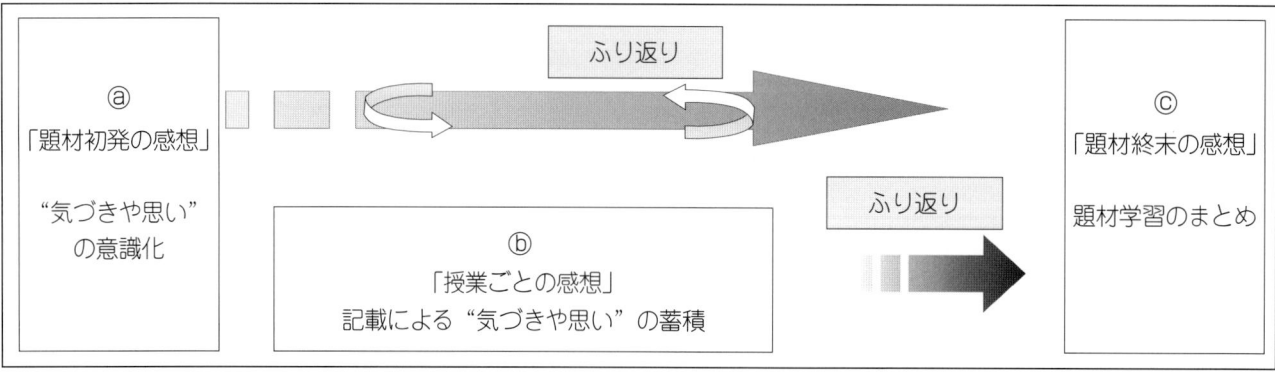

図4　3種類のワークシートの機能の関係

（2）機能を生かす準備のポイント

ⓐ「題材初発の感想」については，題材学習の開始以前に準備し，第１時の授業時に記載させるようにする。無意識であった『関心・意欲』を「キーワード」を軸にして掘り起こし，記載活動によって意識化させて個人内評価の基準を作成することが，一連の評価活動のスタートになる。前準備は大変だが，準備さえすれば，学年末や学期末の「関心・意欲・態度」評価事務に客観性をもたせることができ，評価についての苦情処理がなくなるなど後が楽になる。

ⓑ「授業ごとの感想」はそれぞれの学習活動の前に，ⓒ「題材終末の感想」は題材学習の最後の時間の前に準備することになる。

題材学習以前に３種類とも準備し，３種類のワークシートを事前に配付して，いっしょに綴じてファイル化させ，いつも授業に持参させることができれば，生徒に学年や題材学習での見通しをもたせることができる。こうした場合には，作業手順・技能・知識の確認やまとめなど，他のワークシートと綴じて配布すれば，全体の見通しがより把握しやすくなるであろう。

いろいろな事情から事前の配布ができない場合は，「題材初発の感想」のワークシートのみを題材学習が始まる前に準備する。「授業ごとの感想」は毎時間準備することになるので注意すること。

2　ワークシートの問いかけの工夫

（1）問いかけの「キーワード」を決める

「キーワード」とは，題材の学習を通して，『関心・意欲』を向けさせたい方向を具体的に示すものである。題材学習を通して連続的に"気づきや思い"を刺激・誘発していく役目がある。また，働きかけがぶれないようにする軸の役目もある。

→キーワードについてはp.20,24～を参照。

「キーワード」は，①最終的には「生活と技術への関心」につながる，②題材全体の学習活動に共通して働きかけができる，③第１学年はより具体的に，第３学年は「技術」や「生活」など概念的なもの，④授業で生徒に身につけたいといつも思っていること，⑤あるいはいつも授業で使っている言葉にする，などがポイントになる。

（2）心情面の記載を求める問いかけを工夫する

問いかけを作成する際に重要なことは，「感じたこと，思ったこと，気づいたこと」など心情面の記載を求める問いかけにすることで，"気づきや思い"についての記載が促されることになる。「分かったこと，知っていること，できること」とした場合には，技能面や知識面の記載を求める問いかけとなり，"気づきや思い"の記載を促すことにはならないようだ。この差は実践しているうちに大切であることが分かってくる。

問いかけは短い言葉で

心情面の記述を引き出す問いかけは，短い言葉で問いかけるとよい。例えば，「○○について，『今』感じたこと（思ったこと）を書こう」のように，○○の部分にキーワードを当てはめて問いかける。抽象的な問いかけであるため，言葉による強制力はなく，生徒の現段階のキーワードに対する『興味・関心』，また，その知識等をさまざまな切り口（視点）から記述しやすくなる。

また，心情面の記述を行う際に，学年や段階に応じて「言葉かけ」で補足するとよい。「思うことを何でもよいから書いてごらん。何もなかったら空白でも気にしなくていいよ。」と生徒に対して強制力や成績を意識させずに自由に書かせることが大切である。

（3）「題材初発の感想」と「題材終末の感想」を同じ問いかけにする

問いかけは，「題材初発の感想」と「題材終末の感想」で原則的に同じにする。「キーワード」に対して，生徒の"気づきや思い"がどう育ったかを読み取るためである。

したがって，問いかけの形式も同じにしたほうが育ちを読み取りやすい。結果として，『今』に相当する言葉のみを，ⓐ「題材初発の感想」では「学習前の」に，ⓒ「題材終末の感想」では「学習をふり返って」に変えるだけになる。（表2）

表2　問いかけの例

	「題材初発の感想」例	「題材終末の感想」例
技術分野	「材料」について，学習前の『今』感じていることを書こう。	「材料」について，学習をふり返って『今』感じていることを書こう。
	「コンピュータって何」について，学習前の『今』思っていることを書こう。	「コンピュータって何」について，学習をふり返って『今』思っていることを書こう。
家庭分野	「食事」について，学習前の『今』感じていることを書こう。	「食事」について，学習をふり返って『今』感じていることを書こう。
	「家族」について，学習前の『今』思っていることを書こう。	「家族」について，学習をふり返って『今』思っていることを書こう。

3 「題材初発の感想」は，気軽に

各学年の最初の授業や題材学習の導入時に，ⓐ「題材初発の感想」を書かせる時間(およそ10～15分程度)をとる。これから学習する内容について書かせるのだから，当然，生徒たちの戸惑いが予想される。ここでも教師からの言葉かけが必要となるであろう。

→p.11コラム「空白が持つ意味」参照。

『何を書くの？』の質問に対しては，『何でも思ったことを書けばいいよ，知っている言葉を書いてもいいんだ』と説明すればよい。

そして，『これは学習を進めるうちに，今書いたことがどんどん膨らんで，最後は技術や生活へ思いが膨らみ，技術や生活に興味がわいてくるんだ』などと説明すればよい。

はじめは冷めている生徒も，何回か繰り返すうちに学習の楽しさが分かってくる。

4 「授業ごとの感想」は，各授業の終わりに

毎授業の最後に短時間でもよいからまとめの時間を確保し，ⓑ「授業ごとの感想」を書かせるようにする。授業終了前の3～4分程度の時間でよい。記載活動を重ねることで，育ちを確実に促すことができるし，何よりも育ちの姿が記録の形で残されることになる。

「技能」や「知識・理解」の自己評価と併せて記載させてもよい。「技能」や「知識・理解」は到達状況の明確な判断を記載すればよいが，「関心・意欲・態度」は心情を解放して感じたことを自由に記載させるなど，書かせ方に違いがあることを理解させる。

ⓑ「授業ごとの感想」は，学習過程での教師からの間接的な働きかけにより，受けた刺激から生まれる授業ごとのさまざまな思いを蓄積させたものにしていくことである。

授業時数の削減で記載時間が確保できないと思われるであろう。しかし，教科の授業である以上，実践的・体験的な活動を学力にするため，まとめの時間は必要である。さらに，ここでとった時間は学習意欲の喚起につながり，結果的に授業運営がはかどるため，授業時間が効果的に使えるようになる。

作業をぎりぎりまでさせていた場合，はじめは努力を要するが，生徒が書くことに慣れ習慣づいてくると，さほど気にせずとも書くようになってくる。

書かせることは，「技能」や「知識・理解」だけでなく，学校教育で育てるべき「工夫し創

造」や「関心・意欲・態度」をはぐくむことにつながる。学校教育として技術・家庭科で必要な学力を養うため，是非とも書かせる時間は確保したい。

→p.101「書くことこそ学校教育」参照。

5 「題材終末の感想」は，すべての学習活動をふり返らせて

ここでのポイントは，ⓐ「題材初発の感想」とⓑ「授業ごとの感想」を見ながら"自由"に"自分の感想"を書かせることである。ⓐ「題材初発の感想」の新鮮な気持ちとⓑ「授業ごとの感想」の蓄積された"気づきや思い"を見ないで書くと，最初の授業の記憶は薄く，最後の授業のことは記憶に残っているため，ふり返りにむらが生じて確かなまとめとならず，記載内容の変容につながらないからである。

"自由に"記載させるのは，"気づきや思い"が膨らんでいく姿を読み取りやすくするためである。

"自分の感想"の記載は，自分のⓐ「題材初発の感想」とⓑ「授業ごとの感想」のふり返り資料を参考にしながら記載させていく。記載内容の変容にぶれが生じるので，生徒同士が相談しないように注意する。

3年間の学びの感想「知の作品」

第3学年の最終授業に，下図ⓒ「3年間の学びの感想」を書かせると，具体的な「技の作品」とともに，「知の作品」として生徒自身の学びの証の姿が浮き上がってくる。また，3年間を見通した全体計画の評価資料とすることができる。

| Ⓐ
1年当初の授業

「技術・家庭を学ぶ感想」 | 3年間の題材学習
ⓐ 題材学習での「題材初発の感想」
ⓑ 「授業ごとの感想」
ⓒ 題材学習での「題材終末の感想」

「技の作品」作品・実習 | ふり返り
3年間のふり返り | Ⓒ
3年最後の授業

「3年間の学びの感想」

「知の作品」 |

Ⓐ「技術・家庭を学ぶ感想」は，1年当初のオリエンテーション時に，3年間の学習計画を示し，3年間で学ぶ期待や希望などを意識させて書かせる。
題材学習での ⓐ「題材初発の感想」とⓒ「題材終末の感想」のふり返り資料はファイル化して保存させておく。

Ⓒ「3年間の学びの感想」は，第1学年当初の3年間で技術・家庭科を学ぶ気持ちを書いた「技術・家庭を学ぶ感想」及び題材学習ごとに記載したⓐ「題材初発の感想」とⓒ「題材終末の感想」を準備させて記載させる。

Ⓒ「3年間の学びの感想」は，生徒の記載内容を分析し，3年間を見通した全体的な指導計画の評価をしていく検証資料や各題材での働きかけの仕方の評価資料として活用することができる。

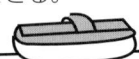

ワークシートをつくってみよう

●●●技術分野・家庭分野共通●●●

1　まずは,「キーワード」を決める

　はじめに,題材の学習を通して『関心・意欲』を向けさせたい方向を定め,学習内容に関連したキーワードを決める。キーワードは生徒にとって単純で分かりやすいものがよい。「キーワード」が決まったら主な問いかけを決める(表3)。

表3　キーワードと主な問いかけの例

分野	キーワード	主な問いかけの例
技術分野	「材料」	「材料」って何？ 「材料」と聞いて,『今』思いつくことを書こう。
	「コンピュータでできること」	「コンピュータでできること」は何だろう？ 「コンピュータでできること」と聞いて,『今』思いつくことを書こう。
家庭分野	「消費生活」	「消費生活」と聞いて,『今』あなたが思いつくことを書こう。
	「よりよい住まい」	「よりよい住まい」と聞いて,『今』あなたが思いつくことを書こう。

2　ワークシート「題材初発の感想」の作成

　「キーワード」と「主な問いかけ」が決まったら「題材初発の感想」を作成する。生徒の"気づきや思い"を引き出しやすい問いかけを工夫して入れる。

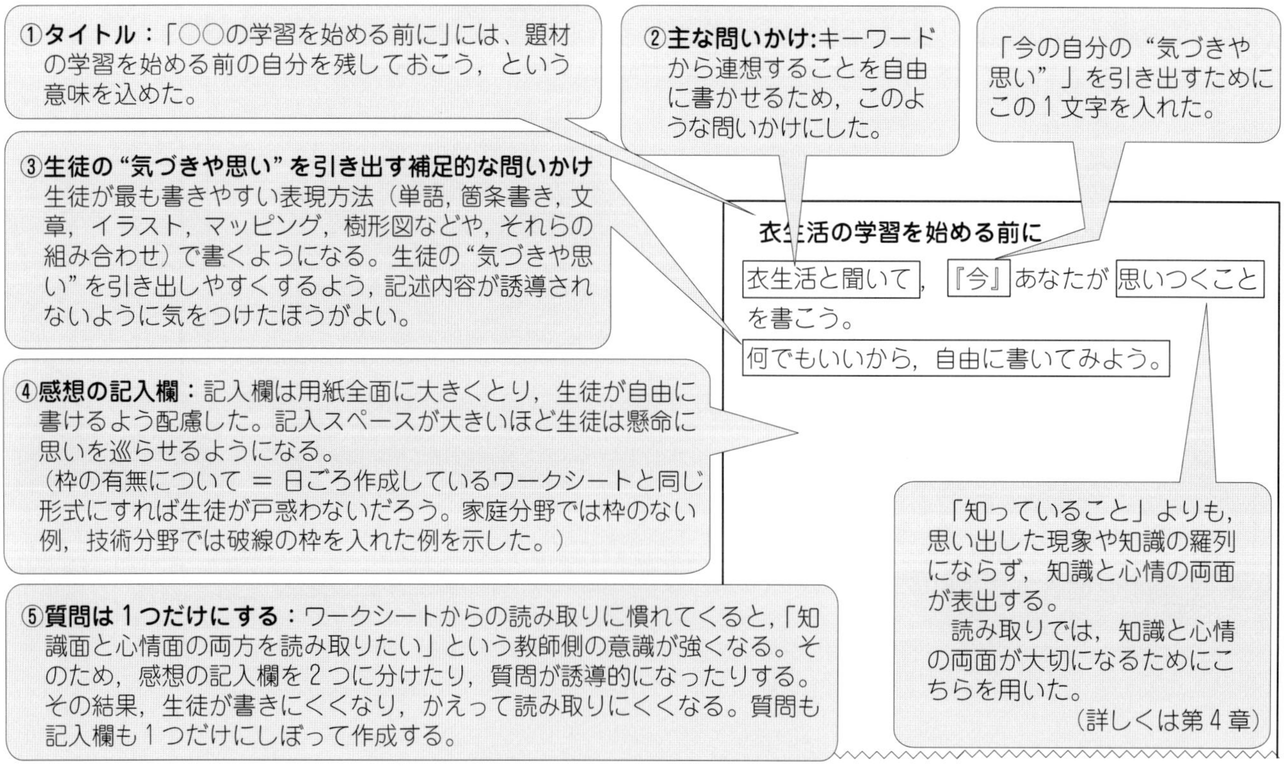

①**タイトル**：「○○の学習を始める前に」には、題材の学習を始める前の自分を残しておこう,という意味を込めた。

②**主な問いかけ**：キーワードから連想することを自由に書かせるため、このような問いかけにした。

「今の自分の"気づきや思い"」を引き出すためにこの1文字を入れた。

③**生徒の"気づきや思い"を引き出す補足的な問いかけ**
生徒が最も書きやすい表現方法(単語,箇条書き,文章,イラスト,マッピング,樹形図などや,それらの組み合わせ)で書くようになる。生徒の"気づきや思い"を引き出しやすくするよう,記述内容が誘導されないように気をつけたほうがよい。

衣生活の学習を始める前に

衣生活と聞いて,『今』あなたが思いつくことを書こう。
何でもいいから,自由に書いてみよう。

④**感想の記入欄**：記入欄は用紙全面に大きくとり,生徒が自由に書けるよう配慮した。記入スペースが大きいほど生徒は懸命に思いを巡らせるようになる。
(枠の有無について＝日ごろ作成しているワークシートと同じ形式にすれば生徒が戸惑わないだろう。家庭分野では枠のない例,技術分野では破線の枠を入れた例を示した。)

⑤**質問は1つだけにする**：ワークシートからの読み取りに慣れてくると,「知識面と心情面の両方を読み取りたい」という教師側の意識が強くなる。そのため,感想の記入欄を2つに分けたり,質問が誘導的になったりする。その結果,生徒が書きにくくなり,かえって読み取りにくくなる。質問も記入欄も1つだけにしぼって作成する。

「知っていること」よりも,思い出した現象や知識の羅列にならず,知識と心情の両面が表出する。
　読み取りでは,知識と心情の両面が大切になるためにこちらを用いた。
(詳しくは第4章)

図5　「題材初発の感想」(家庭分野の例)

3 ワークシート「題材終末の感想」の作成

次に「題材終末の感想」を作成する。レイアウトは変えないほうが，生徒の感動も大きくなり，成長のようすが大きく現れる。

①**タイトル**：「○○の学習をふり返ろう」には，題材の学習を終えた今の自分を残しておこう，という意味を込めた。

②**主な問いかけ**：「題材初発の感想」とまったく同じにしてある。同じ質問に対する回答の変化が生徒の成長を物語ってくる。

③**生徒の心情を引き出す補助的な問いかけ**：「題材初発の感想」と同じものにこの1文を加えることで，生徒が"気づきや思い"を書いてくれる割合が高まってくる。

④**感想の記入欄**：大きさや枠の有無は「題材初発の感想」とまったく同じにする。このことで，生徒が何を書けばいいのかイメージしやすくし，「題材初発の感想」と「題材終末の感想」の2枚を並べたときに変容を読み取りやすくなる。

⑤**自己評価欄**：感想記入欄の下に，関心の深まりをふり返らせる自己評価欄を設けてもよい。生徒が自分の高まりに気づきやすくなると同時に，教師が記載内容の変容を読み取りやすくなる。
自己評価欄は，◎○△×の評価と，その評価にした理由を書けるようにした。

＊この欄の問いかけ（質問文）は，「キーワード」を意識させるようにすると，生徒が自分の変化に気づきやすくなる。

ものづくりの学習をふり返ろう

「材料」と聞いて，『今』思いつくことを書こう。何でもいいから，自由に書いてみよう。感じたことや思ったこと，気づいたことも書いてみよう。

質　問	◎○△×	
学習を通して，「材料」への関心が高まったと思いますか。		その理由

◎：バッチリ！　○：まあまあ　△：いまいち　×：ゼンゼン

図6　「題材終末の感想」（技術分野）

分野	質問文の例　※下線部が題材の「キーワード」
技術分野	・学習を通して，<u>材料</u>への関心が高まったと思いますか。 ・学習前に比べて，<u>コンピュータ</u>に関心をもつようになりましたか。
家庭分野	・2年生の家庭分野の学習を通して，<u>消費生活</u>への関心が高まったと思いますか。

表4　「題材終末の感想」自己評価欄の質問文例

4 ワークシート「授業ごとの感想」の作成

最後に，授業の終末3〜4分程度で記入する「授業ごとの感想」を作成する。このワークシートを記入させることで，生徒に「キーワード」を意識させ，「関心・意欲・態度」を育てることになる。したがって，継続的に書かせることと，書いた内容が一目で見渡せることが大切である。

①**「キーワード」に関する感想記入欄**：学習内容や作業の記録，授業全般の感想（ふり返り）のほかに，「○○」について感じたこと・思ったこと・気づいたことを記述する欄を設けた。生徒が何も感じなかった日は空欄のままでよいことにすると，気楽に書けるようである。また，内容が知識面（分かったこと）に偏りすぎないようアドバイスするとよい。

②**記入枠の大きさ**：授業終末の3〜4分で記入させるため，記入欄を小さめにしておくと，生徒も気楽に書けるようである。

授業のふり返りシート

今日の授業をふり返り，気づいたことを記入しよう。

月日	学習内容・作業内容	「衣服」について感じたこと・思ったこと・気づいたこと	今日のふり返り	先生チェック
1				
2				

図7　「授業ごとの感想」（家庭分野の例）

ワークシートを実際につくってみて

技術分野「A 技術とものづくり」

（1）キーワード
授業を通して，最も関心をもって欲しい事柄や，授業で頻繁に使っている言葉を，例えば，「材料」「工具」など具体的なものをキーワードとした。

（2）ワークシートの作成
「授業ごとの感想」のワークシートは従来，製作題材で使っていたもの（作業記録表）を改良したもので，『関心・意欲』の"気づきや思い"だけでなく，作業記録も書けるようにしている。

（3）作成で苦労した点や実践して改善した点
● キーワードを「加工法」にしたところ，具体性に乏しかったのか，生徒は明確に関心をもつことができなかった。「工具」「接合法」「材料の加工」など，より具体的な「キーワード」にしたほうがよいと思う。

● 3種類3枚のワークシートは片面印刷のほうが使い勝手がよい。ワークシートを提出させたり，「題材初発の感想」と「題材終末の感想」を並べて比較したりするときに便利であった。
生徒にとっても，3枚の意味が分かりやすくよかったようだ。
この3種類3枚は片面印刷がよいことが分かった。

● 書かせる時間と生徒の記述量の関係から，記入枠の大きさを決めた。

● 「題材初発の感想」と「題材終末の感想」にある『何でもいいから書いてみよう』という言葉も試行錯誤の上これに落ち着いた。

技術分野「B 情報とコンピュータ」

（1）キーワード
コンピュータは「キーワード」の設定が難しく，試行錯誤を繰り返している。「キーワード」は，「コンピュータでできること」『インターネットって何だろう？』『ネットワークって何？』『コンピュータって何？』「パソコンの使い方」などがよさそうである。

（2）ワークシートの作成
基本的な手順は＜ものづくり＞と同じだが，＜情報＞のときは，ⓒ「題材終末の感想」のワークシートの最下部にある自己評価欄から作成した。この欄の問いかけを明確にすれば，この題材で関心をもたせたいものがはっきりするからである。

（3）作成で苦労した点や実践して改善した点
● **パソコンに限定せず，日常にあるコンピュータ全般に関心を向ける。**
コンピュータの学習で関心を向けたいものが抽象的・概念的になってしまうと，生徒が理解できず，「関心・意欲・態度」の学力形成へとつながらないため，試行錯誤を繰り返した。
コンピュータの学習で「キーワード」の設定が難しいのは，扱う内容に抽象的なものが多いことや，教師である授業者が<u>パソコンに縛られてしまうからだと思う。パソコンに限らず，携帯電話やゲーム機，家電製品など，日常生活にあるコンピュータに関心を向けさせるよう心がけること</u>で，キーワードが具体的になり，働きかけ（第3章参照）による刺激が生徒に通じるようになっていく。

● **「情報」という言葉は避ける。**
1年生の題材で，『コンピュータが扱う情報とは何だろう？』という「キーワード」にしたことがある。このとき，生徒の育ちはあまり大きく見られなかった。働きかけが難しかったのもあるが，1年生には「情報」という言葉が難しかったかもしれない。また，「情報」に"気づきや思い"を膨らませるというのは，生徒にとってつかみにくいようであった。

● **1年生は具体的に，徐々に，概念的に**
したがって，生徒がつかみやすいキーワードを1年生に，3年生の最後には概念的な方向にもっていくとよい。例えば，3年間の最初の題材では「パソコンでできること」，徐々に「コンピュータでできること」→「コンピュータとインターネット」→『ネットワークって何？』と「キーワード」を大きくして，3年間の最後には『コンピュータとは何だろう』と問いかけられるようにすることが考えられる。

家庭分野「A　生活の自立と衣食住」

（1）キーワード

　生活の自立と衣食住では，題材設定がいくつかに分かれているため，2年生の学習では「衣生活」と「よりよい住まい」との2つにした。

　まず，「題材初発の感想」に『衣生活と聞いて今あなたが思いつくことを書こう』『よりよい住まいと聞いて今あなたが思いつくことを書こう』というワークシートをつくり，「題材終末の感想」「授業ごとの感想」もまた同じ形式で作成した。

（2）ワークシートの作成

　「題材初発と終末の感想」は枠をつくらずに行った。これは枠で縛られることなく，絵で表現するものなどあらゆる場合を考えてのことである。

　「授業ごとの感想」のワークシートは，キーワードについてのほかに，その授業でのふり返りを書くスペースをつくった。

（3）作成で苦労した点や実践して改善した点

○衣生活（10時間），住まい（8時間）についての授業時間数の短い期間では，記載内容の変容があまり見られなかった。これは短い時間での働きかけでは「関心・意欲・態度」が形成されなかったのではないかと考える。

○「衣生活」という言葉をはじめて聞く生徒もいて，「題材初発の感想」では，「衣生活」という言葉に縛られすぎてほとんど書けない生徒もいた。

○衣生活の授業のなかで，ほころび直しなどの実習では，ふり返りの記述に「作業ができた」「難しかった」などと作業に関する感想が多かった。なかなか衣生活に結びつけて考えられる生徒が少なく，記述に関しての質問を受けることがあった。

　作業のなかでも，キーワードを意識させるようにしていかなければいけないと思った。

○「題材終末の感想」を書かせるときに，教師側の言葉に惑わされてしまうこともあったので，できるだけ多くを言わないようにした。

○住まいの学習ではキーワードを「よりよい住まい」としたが，他のキーワードを「消費生活」「衣生活」としていたので，キーワードを「住生活」としたほうがよいかどうか迷うところであった。しかし，生徒は住に関する意識が低かったため，「よりよい住まい」としたほうが授業中の言葉かけに効果的であった。

家庭分野「B　家族と家庭生活」

（1）キーワード

　2年生の学習では最初に消費生活をもってきた。キーワードも「消費生活」とした。

　3年生での学習では子どもと家族について授業をした。キーワードは家族という言葉を入れようかどうか迷ったが，学習内容が子どもに視点を当てて行いたかったので，キーワードを「子ども」にした。

（2）ワークシートの作成

　「家族と家庭生活」でも，「生活の自立と衣食住」とワークシートのつくり方は基本的に同じである。「授業ごとの感想」では，「子ども」というキーワードだけでは分かりにくい場面があったため，「子どもの○○」と授業に合わせて言葉を付け加えた。

（3）作成で苦労した点や実践して改善した点

○「題材初発の感想」で，「消費生活」と聞いてという質問に，学習前は何だかよく分からないという感想が多く，キーワードを別なものにしたほうがよいのではと感じた。しかし，学習後に書かせた「題材終末の感想」を見ると，「消費生活」という言葉を，消費するだけでなく環境に配慮しながら生活しなければいけないことや，消費者としてどのようにしなければいけないかなどを意識した感想が多かったので，「関心・意欲・態度」の"気づきや思い"の膨らみがみられたのではないかと思った。

○3年生の遊具の製作では，授業のふり返りを記述するときに「子ども」というキーワードと結びつけて考えることが難しく，授業の終わりに「子どもの遊具」に関して気づいたことや感じたことを記述するようにアドバイスした。
　このように授業の内容とキーワードの「子ども」がもつ視点が広すぎて，考えが結びつかない場合があった。よって，「子どもの○○」と視点を絞って言葉を付け加えて書かせるようにした。

技術分野・家庭分野共通

第3章　"育ち"を促す「働きかけ」

「働きかけ」が生徒たちの"気づきや思い"を膨らませる

　第1章ではワークシートを使った「関心・意欲・態度」の評価の概要を，第2章ではワークシートを準備するポイントを説明した。第1章でも触れたが，「関心・意欲・態度」を育てるためには，教師の意識的な「働きかけ」が欠かせない。生徒たちの"気づきや思い"を膨らませる「働きかけ」に必要なポイントは次の4点である。

> 1.「キーワード」を軸にして「働きかけ」に一貫性をもたせる
> 2.「働きかけ」を中心に授業をデザインする
> 3.『関心・意欲』の「働きかけ」は他の3観点と異なる方法をとる
> 4."育つ"のは生徒たち自身。「働きかけ」はそれを助けるものと心得よ

1　「キーワード」を軸にして「働きかけ」に一貫性をもたせる

　最初に「キーワード」を決める。ワークシートをつくる際に決めた「キーワード」をそのまま使えばよい。「キーワード」を決めるのは，「働きかけ」に一貫性をもたせ，『関心・意欲』の"気づきや思い"を確実に膨らませるためである。「働きかけ」に一貫性がないと，刺激にぶれが生じ，「関心・意欲・態度」がうまく形成されていかない。

> 3年間で向かわせたい方向＝「関心・意欲・態度」の評価規準
> 　── 生活や技術について関心をもち，生活を充実向上するために進んで実践しようとする ──

下位のねらい

> ●学習題材ごとに具体化する。一貫性をもたせるだけでなく，より具体的に「働きかけ」が行えるよう学習題材ごとに具体的な「キーワード」を決める。
> 　例：『材料』や『子ども』を「キーワード」にし，『材料』や『子ども』への関心をもとうとしている姿を目標に「働きかけ」を行う。題材ごとの具体的な評価目標の積み重ねにより，最終的には教科全体の評価を行えるようにする。

図8　3年間を見通した「キーワード」の決め方

　教科としての「関心・意欲・態度」の評価規準は「生活や技術への関心をもとうとしている」だが，キーワードとして「生活」や「技術」を選んでも，具体的な"気づきや思い"を膨らませることは難しい。そこで，学習活動に関連しながら学習題材ごとに具体的な評価規準（題材の評価規準）と「キーワード」を決めていくことになる（図8）。

→「関心・意欲・態度」の評価規準の例は，p.94を参照。

　「キーワード」は，教師がいつも使っている言葉で，生徒にとって身近に感じるものが望ましい。

　　具体例：（技術分野）材料，じょうぶな構造，機能，安全，コンピュータとは，ハードウェアなど。
　　　　　　（家庭分野）消費者としての自分，自分を取り巻く衣食住など。

2 「働きかけ」を中心に授業をデザインする

『関心・意欲』の「働きかけ」は"気づきや思い"を刺激することが目的になるから，見る・聞く・味わう・触れる・嗅ぐなど，生徒たちの「感覚」に訴えかけるようにすると効果的である。また，嬉しい，楽しい，困る，悩む，心配するなどの「気持ち」が生徒に現れているとき，支援の言葉かけが有効になる場合が多い。『関心・意欲』の「働きかけ」の目標になる生徒たちの「感覚」と「気持ち」をここでは**「窓口」**と呼ぶことにする。

実際の授業では，個々の生徒の活動に対する「言葉かけ」とともに，教室に資料を掲示する，作品や材料を並べるなどの"環境づくり"が重要な要素となる。学習活動に関連する資料や物品が並ぶなかで学習活動を進め，生徒たちが興味を示したときに，あるいは必要に応じて，これらの資料を使って「働きかけ」を行えばよいのである。また，教師の示範や実演，体験活動など，生徒の「感覚」を刺激する"仕掛け"をつくることも効果的である。"環境づくり"や"仕掛け"はあらかじめ設定しておく必要があるから，学習活動の見通しにそって授業ごとに工夫する．

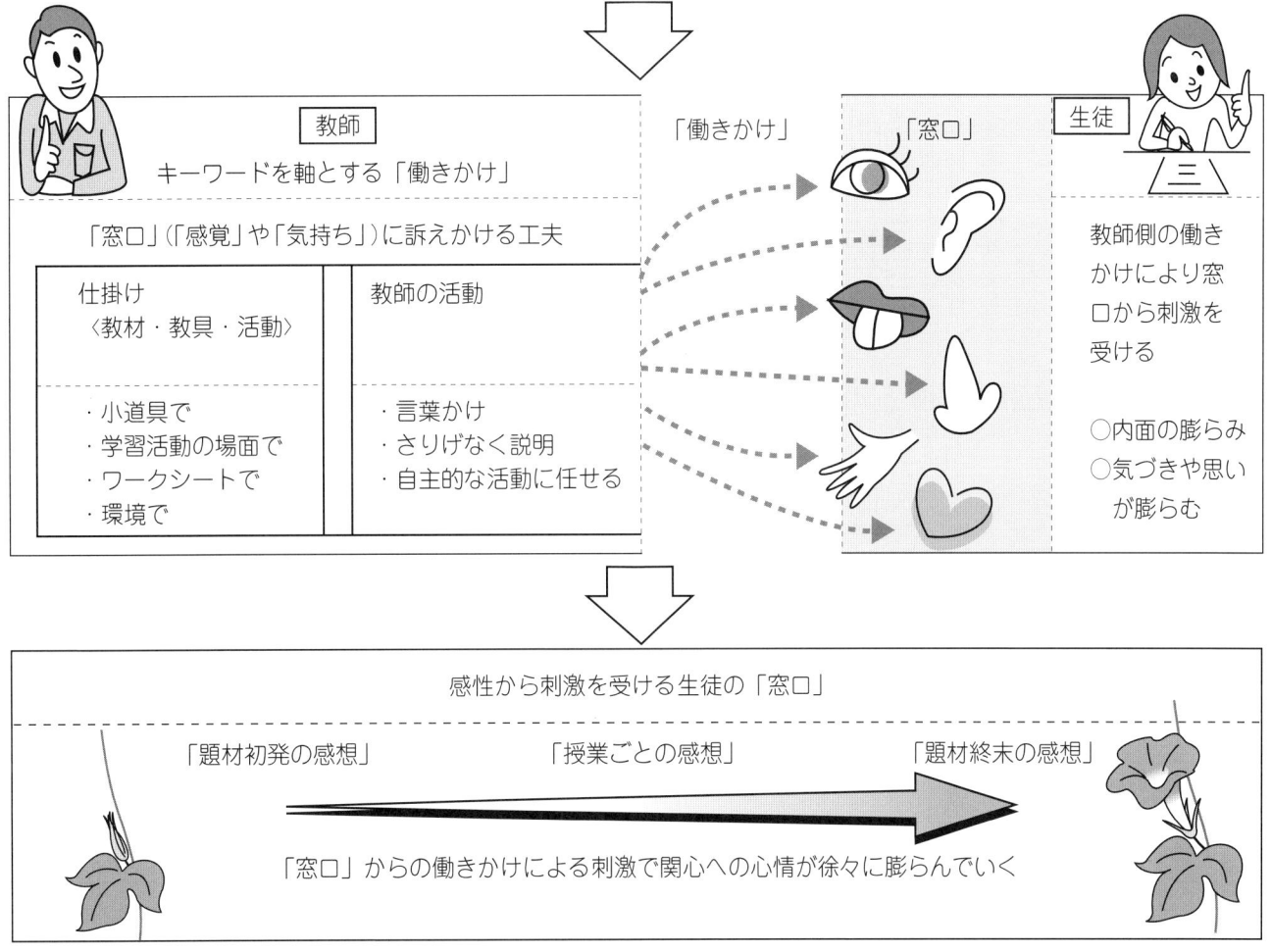

図9 「キーワード」に沿った「窓口」の設定例

効果的な「働きかけ」を行うには，生徒の記載内容をチェックして，どの「窓口」が活性化しているかを分析するとよい。「窓口」を意識して言葉かけを増やしたり，ときには言葉かけの内容を変えたりする。

3 『関心・意欲』の「働きかけ」は他の3観点と異なる方法をとる

『関心・意欲』の育ちを促す「働きかけ」のポイントは明らかに、「工夫し創造」「技能」「知識・理解」の働きかけと異なる（表5）。このことを理解しておかないと、『関心・意欲』の「働きかけ」としては十分機能しないで終わってしまう。

技能や知識を教え込もうという姿勢では『関心・意欲』の心情は育たず、ワークシートでの記載活動は表面的な記載に終わる。「工夫し創造」や「技能」及び「知識・理解」を育てる学習活動での働きかけと、『関心・意欲』を育てる働きかけとはうまく使い分ける必要がある。ときに教師は、この三者を使い分ける、役者や演技者としての役割が求められる。

表5　各観点による働きかけの違い

	関心・意欲・態度	工夫し創造	技能・知識・理解
	心情面を刺激し，関心を誘発する働きかけ	工夫し，創造の具体化を促す働きかけ	技能や知識・理解を伝授し，習得させる働きかけ
基本姿勢	○柔らかい姿勢で気持ちや思いを素直に引き出す。 ○思ったことを自分の言葉で表現させる。	○自分で考えたことを既習の技能や知識・理解を使って具体化させる。 ○自分で決めさせる。	○強い姿勢で覚えさせる。 ○事実や正答を求める。 ○実習の注意点やポイントを徹底させる。
言葉かけの例	○見た（聞いた・味わった・触った・嗅いだ）こと（やったこと）ある？ ○いっしょに遊んでどんなことを感じた？ ○これからは家で，自分でやってみよう。 ○よくやったね。	○よい考えだね，でもこれを加えたら？ ○もっと違う考えは？ ○これでもいいけど，別のものがあるよ。 ○条件に合っていないから考え直しだね。 ○うまく工夫してね。	○間違えてはだめだよ。 ○大事だから覚えよう。 ○上手に・正確につくろう。 ○正確につくるポイントは？ ○同じ失敗をしちゃ駄目だよ。 ○時間がないよ，早くやろう！ ○テストに出るよ。
言葉かけの語尾　教師の行動のイメージ	食材の感じはどうだった いいにおいがするね！ 比べてみてどう思った！ 触って感じたことは！ ◎感触や気持ちを刺激する柔らかい調子で〈下から〉	考えてみよう！ なぜだろう！ これはどう！（ヒント） …計画はどう！ …見つけられたらどうだった！ …よく決めたね，すごい！ …選んだ感じはどう！ …よく修整できたね！ ◎考えを引き出すように〈横から〉	…するのは分かった。 ○○さん，正解は？ ぜひ覚えよう！ では，やってみてできるようにしよう！ …できた。 ◎断定的に，強く〈教卓から〉

4 "育つ"のは生徒たち自身。「働きかけ」はそれを助けるものと心得よ

　以上に見てきたように,『関心・意欲』の"気づきや思い"を刺激する「働きかけ」のポイントは,決めたキーワードをそのままぶつけるのではなく,設定した「窓口」を通して生徒たちの「感覚」や「気持ち」に訴えかけるような形式に置き換えることである。他の3観点が比較的**直接的**な「働きかけ」であるのに対し,「関心・意欲・態度」では**間接的**な「働きかけ」が必要であるといえよう(表6)。「関心・意欲・態度」は間接的な働きかけにより生徒自身の力で形成されていくのである。

表6　学習活動と関連した働きかけ

	学習活動の例	働きかけ(仕掛け)の例		言葉かけの例	生徒の受け取り
技術分野	技術とものづくり	木材(材料)を加工する場面で	木材以外の材料(金属など)を用意しておき,木材と比較させる。	・木材って,金属と触った感じや匂いが違うね。	・木材はいい匂い。材料は触れた感じが違うんだ。
	情報とコンピュータ	作成した文章を保存せず紛失した場面で	文書を保存せずにソフトウェアを終了するよう操作させる。	・つくるのも簡単だけど消えるのも一瞬だね。	・コンピュータは便利だけど,紙と違うね。
家庭分野	生活の自立と衣食住	衣服の取扱い表示を調べる場面で	こちらで用意した衣服を見せて,どこに表示がついているのか確認させる。	・今着ている衣服の表示を見てみよう。	・こういう表示がついていたんだ。
	家族と家庭生活	悪質商法の事例を発表する場面で	教師側で,実際に送られてきた不正請求書を掲示する。	・そういうことを言われたらどうする?	・自分だったらだまされちゃうかも……。

　生徒たちは間接的な「働きかけ」により「感覚」や「気持ち」を揺さぶられ,自分自身の内面に『関心・意欲』の"思いや気づき"が芽生えるのを知る。学習活動のなかで,間接的な「働きかけ」が継続的に行われれば,"思いや気づき"は時間をかけて少しずつ,風船が膨らんでいくように育つ。"思いや気づき"の育ちはさまざまだから,「評価規準のねらいの方向」へ向かっていることさえ押さえているのなら,どのようなプロセスを経ても,どのような形に育ってもよいのである。

　「題材初発」,「授業ごと」及び「題材終末」の3種類のワークシートを使って継続的な記載活動を行うのはそのためである。学習場面での「働きかけ」がワークシートの記載内容の変容に表れてくる。このとき,どのような「働きかけ」がどのような記載内容の変容につながったのかを把握しておくのは大変有効なことと思われる。

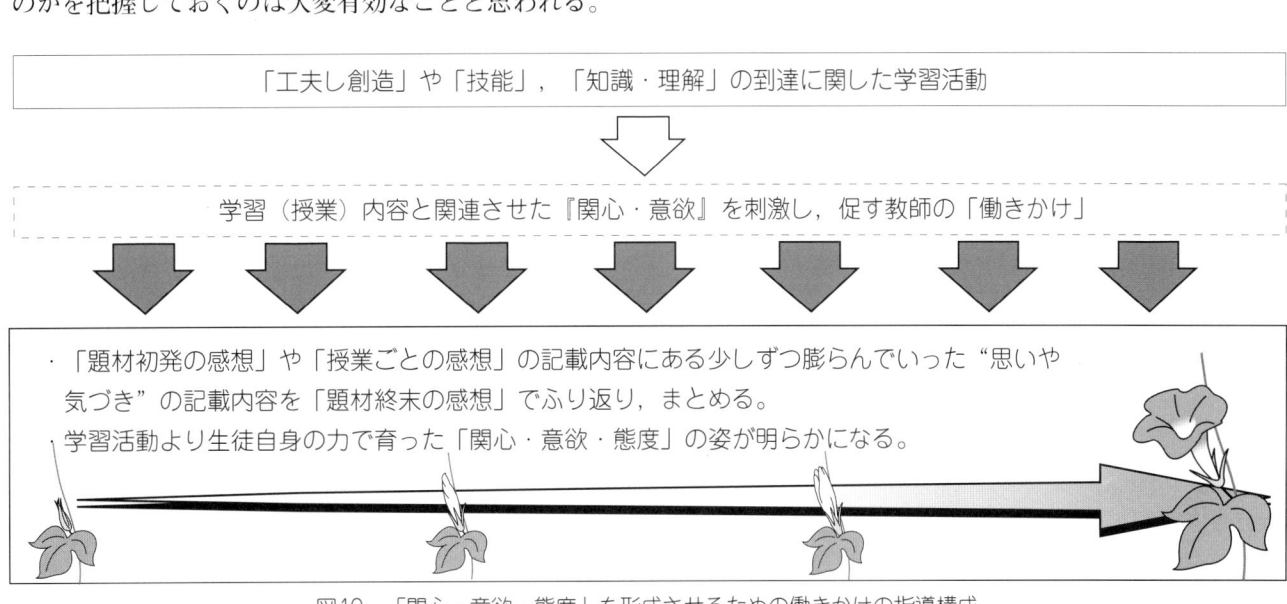

図10　「関心・意欲・態度」を形成させるための働きかけの指導構成

『関心・意欲』の育て方

●●●技術分野・家庭分野共通●●●

「関心・意欲・態度」は，生徒の「窓口」を刺激する継続的な「働きかけ」を通して少しずつ育つ。では，実際に授業を行うなかではどのような点に気をつけたらよいのだろうか。ここでは，これまでの授業実践から得た，技術と家庭両分野で共通の手順や方法について説明する。技術・家庭科として一貫性をもたせることができれば，教科としての見通しももたせることができるようになり，その分生徒の不安が減って「関心・意欲・態度」の育ちはより確実なものになっていく。

1 ワークシートを書かせる（記載活動）

第2章で作成した3種類3枚のワークシートを書く活動が『関心・意欲』の"気づきや思い"を膨らませる学習活動になる。したがって，書く時間を長くとる必要はないが，継続的に，確実に書く学習活動を確保するようにしたい。

(1)題材初発の授業で

『題材初発の感想』のワークシートを記入する学習活動を行う。題材学習をはじめる前に書かせるほうがよい。授業の前半15分程度，落ち着いて記入させる。このとき，題材の「キーワード」を意識させるとよい。『材料(衣服)って聞いて，思いつくことだよ』のように，キーワードを意識させる支援だけを行い，記載内容を限定するような言葉かけは控えたい。

(2)授業ごとの最後の時間で

『授業ごとの感想』ワークシートを使い，授業の終わり3〜4分程度で学習をふり返らせる。授業内で書かせることで，生徒の心情を刺激し，そのときの心情を鮮明に残すことができる。このワークシートを継続的に記載させることができれば，題材終末のまとめは確かなものになっていく。

(3)題材終末の授業で

『題材初発の感想』と『授業ごとの感想』のワークシートを見ながら『題材終末の感想』のワークシートを記入させる。授業の後半15〜20分程度で，静かな環境で落ち着いて記入させる。記入させるだけでも「働きかけ」として十分だが，生徒自身が心情の変化に気づけば，「関心・意欲・態度」の成長がさらに確かなものになる。

2 キーワードを意識的に多用する

(1)キーワードを常に意識する

題材の授業中に，キーワードを意識して用いて，常に学習題材の評価規準の方向を示すようにする。キーワードが「衣服」ならば，『衣服の素材は何？』『衣服の表示っていろいろあるね』など，自然に繰り返す。生徒に押しつけることなく，自然にねらいの方向を向くようにする。

(2)キーワードを意識させる実習室探検

題材の導入で「実習室探検」「通学路探検」を行い，『技術を見つけよう』『調理室にある道具を探してみよう』『通学路にどんな材料があった？』と問いかける。教科の学習や題材のキーワード（材料や道具など）を意識するようになり，学習に惹きつけられる。

3 「窓口」を通した「働きかけ」で，生徒の内面を揺さぶる

学習の見通しを立てるなかで，それぞれの学習場面に適した「働きかけ」（生徒の「感覚」を刺激する資料や物品，授業の仕掛け）を工夫する。体験で感じたことを意識させると，生徒の内面が揺さぶられ，『関心・意欲』の"気づきや思い"が刺激される。

（1）掲示物や実物見本を見せる場面で

　材料の学習では，いろいろな木材を提示し，『木材にもいろいろあるね』『ほかにもあるかな？』と問いかけた。衣生活の学習では，布地見本を触らせながら『触った感じはどう？』『他と比べてみよう』と問いかけた。こうした「働きかけ」に刺激されて，店で木材や布地の種類を調べた生徒も現れた。このように，実物見本に注目させ，実際に触るなどの体験をすることが，生徒の関心を高める刺激になる。

（2）教師の示範や実演の場面で

　木材の学習では，切断の示範時に『切りくずが見えるかな？』『どんな音がするかな？』『匂いを嗅いでごらん』と問いかける。問いかけを意識するだけで，生徒の関心を刺激できる。

（3）生徒が体験した直後の場面で

　住生活の学習では，教室の換気を行う体験を通して，『窓を片方だけ開けたらどうだろう？』『両方開けたらどんな感じ？』と問いかけたところ，空気の流れの違いを肌で感じながら，換気への関心を高めていた。実際に体験した直後に，感覚を引き出すよう問いかけることで，生徒の意識は強まる。

（4）生徒の生活に結びつける場面で

　住生活の学習で，ワークシートや新聞のチラシなどで住まいの事例を見せ，『整頓されていると感じるのはどこ？』『居心地のよさそうな場所は？』『なぜそう感じるのだろう？』と問いかける。生徒自身の体験と「キーワード」を結びつける働きかけによって生活をより強く意識するようになり，『関心・意欲』の成長を確かなものにできる。

4　生徒の反応が薄ければ，言葉かけを変える

　言葉かけの効果を計る目安は生徒の反応である。発問が適切ならば『あ，ほんとだ！』『そういえばそうね』『すごい，すごい！』といった反応が即座に返ってくる。反応が薄ければ，言葉かけを変えて再度揺さぶればよい。ただし，あまりしつこいと押しつけがましくなり，生徒の心情は育たないため，次の授業で再チャレンジするとよい。

5　『関心・意欲』は「技能」や「知識・理解」とともに育てる

　『関心・意欲』の"気づきや思い"の成長は「技能」や「知識・理解」を伴う心情の変化である。『関心・意欲』の"気づきや思い"の膨らみが「技能」や「知識・理解」の獲得を後押しするとともに，「技能」や「知識・理解」の学習が『関心・意欲』の基盤になる。実際には，授業で必要な事項を教えた後，『今のこの言葉，どこかで見たことないかな？』『コンピュータっておもしろいね』『ほかにはどんなマークがあるかな？』『自分で調べてみてはどう？』などの問いかけを付け加えるだけで『関心・意欲』を揺さぶることができる。

　授業時数の関係で敬遠されがちだった学習内容（工具の部位の名称や，文字数とバイト数の関係，繊維の種類，五大栄養素以外の栄養素など）も，『関心・意欲』とセットにすれば，かえって扱いやすくなる。

短い授業時数の題材スパンでの読み取り

　題材の学習期間が短い場合「関心・意欲・態度」の形成へと結びつきにくいことがある。短期間の題材のときには，キーワードを焦点化させる必要がある。例えば，「被服の材料」というキーワードではなく，「布」というように絞り込んだり，「子ども」のような広がったキーワードではなく，「子どもの遊具」とより具体的にし，焦点化させたりするとよい。

技術分野の育て方（授業展開例）

•●● 技術分野 ●●•

1 感覚で感じる場面，気持ちで感じる場面

ここでは，技術分野に特徴的な「窓口」の設定や「働きかけ」のしかた，留意すべきポイントについてまとめておく。

(1) 技術室探検

技術分野でのはじめの学習で，「技術室探検」を行い，『どんな技術があるかな？』と問いかける。生徒に「見る窓口」を通して技術がとても身近にあることを実感させると，学習に関心をもちはじめる。授業で扱わないもの（鉛筆削りやボール盤などの機械類）に関心を向ける生徒もいる。

(2) 掲示物や実物見本

「材料」をキーワードに，「見る窓口」としてトウモロコシでできたプラスチック材の新聞記事を紹介したり，「触る窓口」として新素材の実物見本を自由に触れるようにする。休み時間には，生徒が見本を触る姿も，見られるようになり，材料に関心をもちはじめる。

(3) 教師の示範や実演

切断の示範場面で，『材料をよく見てごらん』『木目は関係あるのかな？』と問いかけることで，生徒が自分で教科書を開いてのこぎりの構造について調べたり，繊維方向を強く意識するような言動が見られるようになる。加工がうまくいかない場面で，『材料が原因なのかな？』と問いかけるのも有効だろう。

(4) 加工体験・操作体験

体験で感じたことを引き出すよう，意識しながら言葉かけを行うとよい。

金属の学習で，針金を折り曲げる体験をして『触ってみてどうだった？』『材料に何か変化はあるかな？』と問いかければ，変形部分の発熱や加工硬化現象に気づき，『だから金属は曲げると元にもどらないんだ！』という気づきにつながる。

コンピュータの学習で，コピー・貼り付け機能を使って実際に操作する場面では，『続けて操作するとどうなるだろう？』『いくつまでコピーできるかな？』と問いかければ，『何百個でもあっという間！』『コンピュータって便利！』『これだったら情報をいくつでもコピーできる！』と，コンピュータに関心を向けはじめる。

(5) 生徒の生活に結びつける

コンピュータの学習で，『パソコンではなくコンピュータを学習するよ』『このしくみは携帯電話でも同じだね』『ゲーム機ではどうだろう？』のように，実生活や体験に結びつけて問いかけると，携帯電話やデジタル家電も意識するようになる。コンピュータができることを意識して見つけるようになり，授業中の雑談にコンピュータの話題が増える。

(6) 情報とコンピュータでは，「科学的な理解の学習」が重要

ファイルを保存する学習では，CD-Rに情報を保存した後，『このCD-Rに，あなたのファイルが見えますか？』『どこに情報が残っているのだろう』と問いかけ，書き込まれた溝を見つけさせる。ファイルサイズの学習で，半角・全角文字とバイト数の関係を学習すると，『半角と全角を区別する意味が分かった』『外国にも全角ってあるのかな？』など，文字情報に関心を向ける。科学的な理解の学習により「目に見える」感覚が生まれ，コンピュータの特徴やコンピュータならではの現象に関心をもつようになる。

→p.33コラム「『B 情報とコンピュータ』では，目に見えるような問いかけを」参照。

2　題材の展開の具体例

(1) A　技術とものづくり
○第1学年1学期（16単位時間扱い）
○題材名「ちょっと上手なものづくり」

ものづくりの基礎学習。キーワードは「材料」だが，第1学年なので分かりやすく，『材料って何だろう？』とした。

表7　「A　技術とものづくり」題材指導計画

	時	学習内容 (生徒の活動)	働きかけの例（仕掛けと言葉かけ等）	
題材初発	1	学習の前に A(1)ア	・「題材初発の感想」ワークシートを書かせながら，『材料って何だろう？』と言葉をかける。 ・技術室の中を探検させながら，『どんな技術があるかな？』と問いかける。	記載活動
題材の展開過程	2〜5	基礎的な加工技能の練習 A(2)イ，A(3)イ じょうぶな本立ての製作 A(1)ア，A(2)イ，A(3)アイ	・木材を加工させ『触った感じはどう？』と問いかける。 （さまざまな木材の実物見本をさりげなく置いておく。新しい材料の新聞記事を掲示しておく。） ・材料を配るときに『いい香りがするね』と言葉をかける。 （さまざまな木製品に触らせ『木目を見てごらん』『触った感じはどう？』と問いかける。）	記載活動
	6	基礎的な加工技能の練習 A(2)イ，A(3)イ	・加工練習をさせながら『手応えはどうかな？』 ・『どんな音がする？』『どうして割れちゃうのかな？』と問いかける。 ・木材の加工を支援したとき『上手にできたね』『ずいぶん上達したね』と褒める。	記載活動
	7〜15		・木材を加工させ『触った感じはどう？』と問いかける。 （さまざまな木材の実物見本をさりげなく置いておく。新しい材料の新聞記事を掲示しておく。）	記載活動
題材終末	16	題材のまとめ A(1)イ	・「題材終末の感想」ワークシートを書かせながら『材料って何だろう？』『感じたこと・思ったこと・気づいたことを何でも書いてみよう』と言葉をかける。	記載活動

題材初発の感想

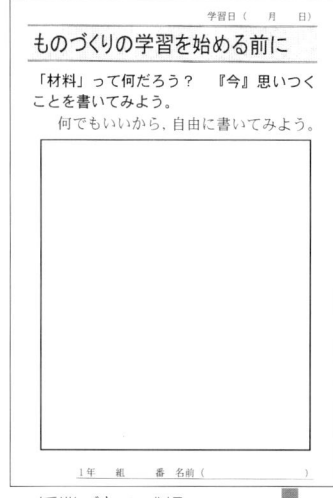

授業ごとの感想

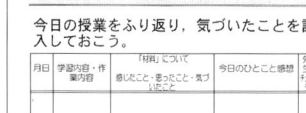

見ながら

見ながら

題材終末の感想

（2）B　情報とコンピュータ

○第1学年2学期（10単位時間扱い）

○題材名「コンピュータのちょっと上手な使い方」

コンピュータの基礎学習。キーワードは「コンピュータ」だが，第1学年なので分かりやすく，『コンピュータでできることは何だろう？』とした。

表8　「B　情報とコンピュータ」題材指導計画

	時	学習内容（生徒の活動）	働きかけの例（仕掛けと言葉かけ等）	
題材初発	1	学習の前に B(1)	・「題材初発の感想」ワークシートを書かせながら『コンピュータでできることは何だろう』と問いかける。（教科書を見せながら『いろいろなコンピュータがあるね』と言葉をかける。）	記載活動
題材の展開過程	2〜4	基礎的な操作技能の練習 B(3)アイ B(3)アイ	・CD-Rの書き込み溝を見せながら『保存されているのが見える？』と問いかける。 ・さまざまな操作を体験させながら『こんなこともできるね』『どんな仕組みで動いているの？』と問いかける。 （分解したコンピュータ見本を展示し，触れるようにしておく。）	記載活動
	5〜7	コンピュータを利用した情報検索の練習 B(1), B(2)イ, B(3)	・トラブルを疑似体験させ『コンピュータの情報は疑わないの？』『不安に思ったことは？』と問いかける。	記載活動
	8〜9		・最新の検索方法に関する新聞記事を見せ『コンピュータってすごいね』『何でも検索できちゃうな』と感想をいう。	記載活動
題材終末	10	題材のまとめ B(1)	・「題材終末の感想」を書かせながら『コンピュータでできることは何だろう？』『感じたこと・思ったこと・気づいたことを書き出してみよう』と言葉をかける。	記載活動

題材初発の感想

学習日（　月　日）

コンピュータの学習を始める前に

「コンピュータでできること」と聞いて，『今』思いつくことを書こう。何でもいいから，自由に書いてみよう。

1年　組　番 名前（　　　　）

授業ごとの感想

授業のふり返りシート

今日の授業をふり返り，気づいたことを記入しておこう。

月日	学習内容・作業内容	「コンピュータでできること」について感じたこと・思ったこと・気づいたこと	今日のひとこと感想	先生チェック

1年　組　番 なまえ（　　　　）

見ながら

見ながら

題材終末の感想

学習日（　月　日）

コンピュータの学習をふり返ろう

「コンピュータでできること」と聞いて，『今』思いつくことを書こう。何でもいいから，自由に書いてみよう。

質問	◎○△×	その理由
学習を通して，「コンピュータでできること」への関心が高まったと思いますか。		

◎：カンペキ！バッチリ！ ○：まあまあ △：いまいち ×：ゼンゼン

1年　組　番 なまえ（　　　　）

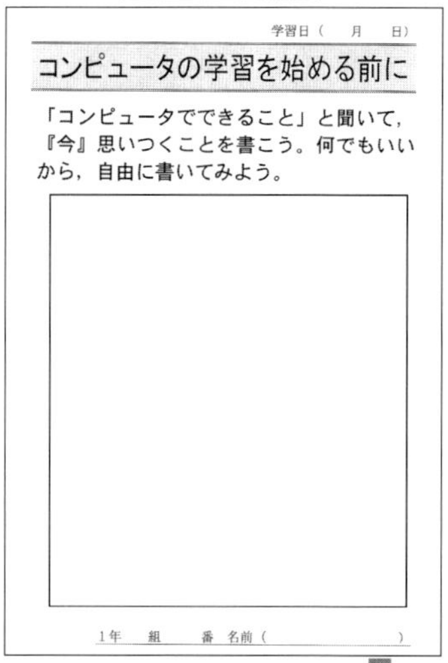

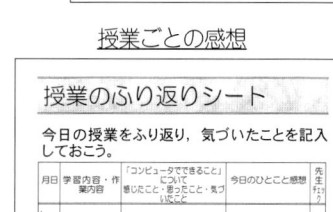

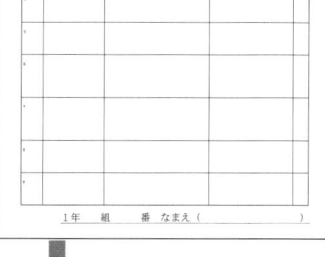

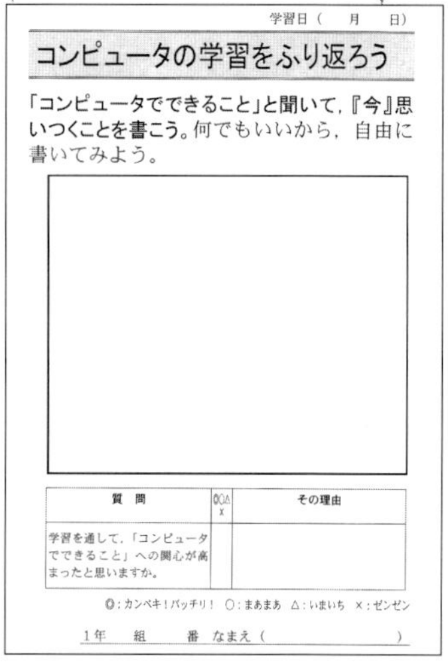

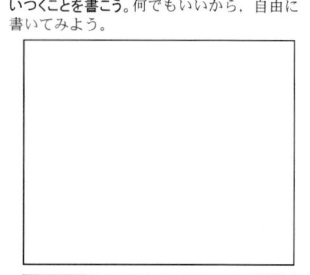

(3)授業展開例(B 情報とコンピュータの例)

表8の7時間目(網掛け部分)の授業展開を取り上げ,働きかけの実際をまとめた。

表9 指導の流れ

流れ(分)	学習内容(生徒の活動)	働きかけの例(仕掛けと言葉かけ等)
導入(5)	・さまざまな検索方法の特徴や操作を復習する。	
展開(40)	・木材の名前と特徴を,検索サービスを利用して素早く調べる小テスト。	○「ヒント」をクリックすると,誤った解答が表示されるように仕掛けておき,テスト中に「ヒント」を頼りに調べるよう,さりげなく誘導する。 ○早くできた生徒には『上手にできたね』『素早く見つかってよかったね』と褒める。
	・調べた結果の確認	○答え合わせのとき,「ヒント」とは異なるものが正解であると発表し『なぜ間違えたの?』『うまく操作できなかったの?』と問いかけ,戸惑いを膨らませる。 出題した木材の実物見本をさりげなく置いておく。
	・感想を話し合う。	○ワークシートに感想を書かせながら『どんなことを感じた?』『やってみてどうだった?』と言葉をかける。 ○感想を話し合わせて,『すぐに信じてしまったの?』『なぜ疑ったの?』『コンピュータだとこうなるの?』と言葉をかけ,さまざまな気づきや思いを引き出す。 ○生徒の発言を聞き,『そうか』『なるほど』と相づちを打ちながら"気づきや思い"を膨らませる。
	・コンピュータやインターネットの特質を学ぶ。	○ワークシートで,便利さや不安を感じる場面を書かせながら『似たような体験はあるの?』『なぜインターネットではそう感じるの?』と問いかける。 ○本や新聞などを比較させながら『本との違いは?』『なぜ辞書のほうがいいのだろう?』と問いかける。
	・よりよい検索のしかたを考える。	○インターネットの特徴を押さえながら『インターネットはおもしろいね』『最近はこんなこともできるよね』『あなたはどう使いたい?』と問いかける。
まとめ(5)	・今日のふり返り	○コンピュータでできることについて感じたこと,思ったこと,気づいたことを「授業ごとの感想」ワークシートに記入させる。

「B 情報とコンピュータ」では,目に見えるような問いかけを

コンピュータの学習では,情報が目に見えない,動きが目に見えない,画面上でしか変化がないので『どうしてできるんだろう』『どこにあるのかな?』『こんなことまでできちゃうなんてすごいね』などの言葉を多用するようにした。すると生徒は『コンピュータだからできるんだ』『じゃあ携帯電話でもできるかな?』などの意識や感想が増えてきた。また,線を引かせる,話し合うなどの学習を通してコンピュータの性質に気づかせる学習も,コンピュータや情報への関心を高めるために有効である。ものづくりとは異なり,変化に気づかせる学習よりも,日常と比較させてコンピュータの特徴に気づかせる学習のほうが働きかけとしては有効かもしれない。

家庭分野の育て方（授業展開例）

●●● 家庭分野 ●●●

1 発見・体験→発問で「感覚」を引き出す→生徒を揺さぶる

　ここでは，家庭分野に特徴的な「窓口」の設定や「働きかけ」のしかた，留意すべきポイントについてまとめておく。

　他の3観点での学習活動と結びつけた下記の（1）～（5）で示す発見や体験の場で，適切な発問により生徒の内面の感性を刺激し，生徒の心情を揺さぶるようにした。

(1) 調理室探検

　実習計画を立てるとき，「調理室探検」を行い，調理に対するイメージを膨らませた。自分たちが実習を行う調理台やさまざまな調理器具を見て，これから行う調理実習に興味・関心をもった生徒が多くいた。

(2) 資料提供や実物見本

　消費生活での学習では，カタログなどの資料を提示するとよい。実際に商品として売られているものを見せることで関心をもつ生徒がいた。また，衣生活のボタン付けやまつり縫いの場面では，実物見本を見せることによって説明書だけでは分からない生徒にとっても見本は"やってみよう"という気にさせた。

(3) 教師の示範や実演

　衣生活のまつり縫いでの学習では，『こう縫ったらこうなる』と示範し，分からない生徒に対しては『よく見ましょう』と実演しながら声をかける。声をかけると，意識してよく見るようになる。

(4) 体験活動

　衣生活の場合，布を触るなどさせて『どう？，違いは？』と問いかけ，体験させることによって関心をもたせた。

(5) 生徒の生活に結びつける

○栄養素の働きを考える場面で，『もし骨折したら，何を食べようかと考える？　すぐ思いつく食べ物って何？』と発問。

○食品添加物の学習場面では，『自分が毎日食べている加工食品はどうだろうか？』と発問し，自分たちが毎日食べている加工食品に入っている食品添加物について意識させた。

○ほころび直し・まつり縫い，スナップ付け，ボタン付けの実習の場面で，『スカートの裾がほつれたりしたらどうする？』『ボタンがとれてしまったらどうする？』と発問。

○衣服の種類・働きを考えようの場面で，『あなたたちが着ている制服は何のために着ているの？』『家に帰ったら何を着るの？』と発問。

○既製服の選び方を考える場面で，『自分が服を購入する場合，どんなところを最初に見る？』『試着する際，どんなことを考える？』→お店に行って自分の服を探すときに，必要性や自分に合っているかなどさまざまなことを考えるようになった。

○既製服の表示調べでは，『服にはさまざまな表示が付いているでしょ？』『どこに付いているか探せた？』『制服や体操着の表示を調べてごらん』を発問。洗濯をするときに表示を見てから洗濯機に入れるようになった。服を選ぶとき，表示を見るようになった。

○悪質商法の学習場面で教師の体験談を語り，『怪しそうな電話がかかってきたことない？どう思う？』と発問し，意外に身近にあることを意識させる。

2 題材の展開の具体例

(1) A 生活の自立と衣食住
○第2学年 1学期 （10単位時間扱い）
○題材例「わたしたちの衣生活」 キーワードは「衣生活」 （備考：■は学習課題）

表10 「A 生活の自立と衣食住」題材指導計画

	時	学習内容 （生徒の活動）	働きかけの例（仕掛けと言葉かけ等）	
題材初発	1	学習の前に A(3)ア	・『衣生活と聞いて，絵でも，箇条書きでも,何でもいいので書いてみよう』とワークシートに書かせる。	記載活動
題材の展開過程	2〜4	衣服のはたらき ■衣服の適切な選択ができるA(3)ア 自分らしい着方 ■目的に応じた着用ができるA(3)ア	・『学校に行くときは何を着る？それはどうしてだろう？』と発問する。 ・『服を着るとき，どんな点に気をつけるのだろうか？』と発問する。 ・『自分らしさが出る着方って何だろう？』①色②柄③素材④形⑤小物類など，Myコーディネートを描くために資料を見せる。『発表を聞いてどうだった？』と聞く。	記載活動
	5	自分の衣服計画 ■衣服を購入する場合の注意点を知るA(3)イ	・『衣服を購入するとき，どんな点を見る？』と発問。 ・『例えば，この服だったらどこを見て買う？』と，服の見本を見せる。	記載活動
	6〜7	既製服の表示 ■身の周りの衣服についている表示を知るA(3)ウ	・『なぜこうなるのだろう？』と洗濯の失敗例を見せる。 ・『表示って，いろんなことが分かるんだね』と確認する。 ・『自分の服の表示はどうなっているだろうか？』と,自分の衣服を調べさせる。	記載活動
	8〜9	衣服の手入れと補修 ■日常着の補修の実践A(3)ウ	・『自分のスカートやズボンの裾，シャツのボタンってどう付いているか，見てごらん？』と，見て触らせる。 ・『スナップ付け・ボタン付け，まつり縫いをしてみよう』と，班に分かれて作業させる。	記載活動
題材終末	10	まとめ A(3)アイウ	・『衣生活と聞いて思ったこと・感じたこと・気づいたことを書いてみよう』と，ワークシートに感想も含めて書かせる。	記載活動

題材初発の感想

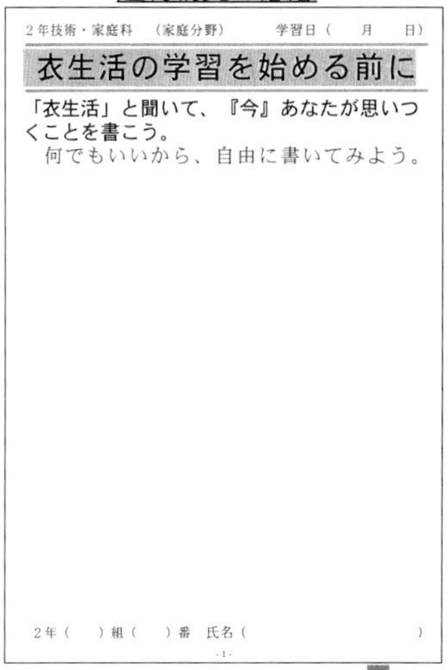

授業ごとの感想

見ながら

見ながら

題材終末の感想

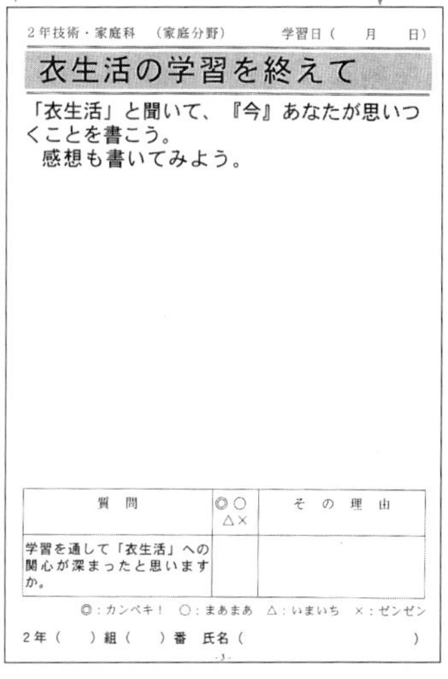

(2) B 家族と家庭生活

○第2学年 1学期（10単位時間扱い）
○題材例「消費生活を考える」 キーワードは「消費生活」

（備考：■は学習課題）

表11 「B 家族と家庭生活」題材指導計画

	時	学習内容 （生徒の活動）	働きかけの例（仕掛けと言葉がけ等）	記載活動
題材初発	1	学習の前に B(4)ア	・『消費生活と聞いて，絵でも，箇条書きでも，何でもいいので書いてみよう』とワークシートに書かせる。	記載活動
題材の展開過程	2～3	消費について 商品の選択と購入 ■商品を選ぶ基準を習得 B(4)ア	・『毎日，何を消費しているのだろう，今日起きてから学校に来るまでのことを考えてみてごらん？』と発問する。 ・『商品選びのポイントって何かな？』と例えば，シャープペンシルを買うつもりで考えさせる。 ・『洗濯機・冷蔵庫・DVDレコーダーを買うとしたら，どの商品を選ぶのか？ また，何を基準に選ぶのか？』を電気機器の広告を見せて選ばせる。	記載活動
	4	さまざまな販売方法・支払い方法 ■さまざまな販売方法・支払い方法ついて習得 B(4)ア	『どんな販売方法があるのだろう？』 『どんな支払い方法があるのだろう？』 と教科書で確認させ，説明する。	記載活動
	5～6	悪質商法 ■班での課題を追究する B(4)	・『悪質商法にはどんな種類があるのだろう？』と，PCで調べ学習をさせる。 ・『おうちの人にも悪質商法について聞いてみよう』と，資料（実際の架空請求の資料）を見せる。	記載活動
	7～8	■発表を班で協力して行う B(4)ア 消費生活と環境 B(4)イ	・『自分だったらどうする？』と発問。 ・『発表を終えてどうだった？』と発問。 ・『環境でいいこと・自分でやっていることはどんなことだろうか？』と発問。 ・『環境に配慮した暮らしって何だろうか？』と発問。	記載活動
	9	■発表を班で協力して行う B(4)ア	・『自分だったらどうする？』と発問。 ・『発表を終えてどうだった？』と発問。	記載活動
題材終末	10	まとめ B(4)ア，イ	・『消費生活と聞いて思ったこと・感じたこと・気づいたことを書いてみよう』とワークシートに感想も含めて書かせる。	記載活動

<u>題材初発の感想</u>

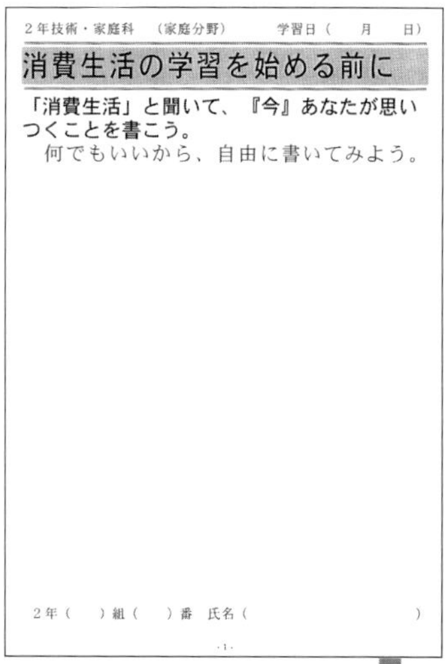

<u>授業ごとの感想</u>

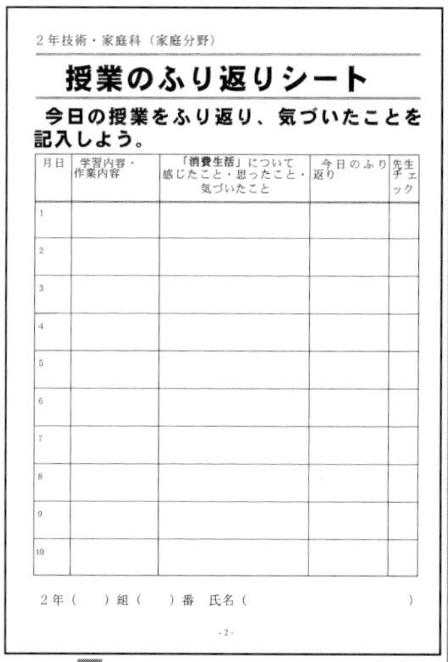

見ながら

見ながら

<u>題材終末の感想</u>

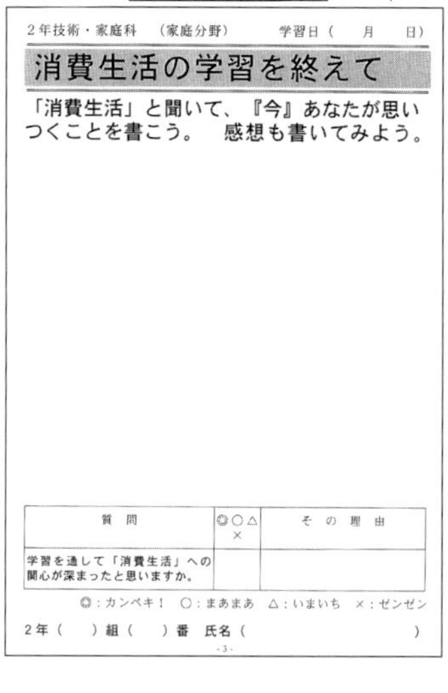

(3) 授業展開例（B　消費生活の例）

○表11の7・8時間目（網掛け部分）の授業展開を取り上げ，働きかけの実際をまとめた。
（備考：■は学習課題）

表12　授業展開での指導の流れ

流れ（分）	学習内容	働きかけの例（仕掛けと言葉かけ等）
導入（5）	・前時の学習内容の確認 ・本時の学習目標の確認	○『班での発表準備はできているかな？』と確認する。 ○『資料をうまく使って，分かりやすく発表しよう』と，発表するにあたっての注意点を提示する。
展開（80）	・悪質商法について ■班で協力して分かりやすく発表 ■発表を聞いて気づいたこと ・感じたことをメモ	○『自分だったらどうする？悪質業者にしつこくされたらどうする？断る自信はある？』と，1班ごとの発表後に発問する。 ○『発表を聞いて感じたことを書こう』と，ワークシートに書かせる。 ○『消費者としてどうすればいいのだろうか？かしこい消費者は？』と，すべての発表後に発問する。
まとめ（5）	・今日のふり返り	○「消費生活」について思ったこと，感じたこと，気づいたことを，「授業ごとの感想」ワークシートに記入させる。

「題材初発の感想」があると"文章力"にとらわれない

『関心・意欲』では，生徒の成長や評価を記述で見取ることになることから，「文章力のある生徒の評価が高くなるのでは？」という意見が出る。確かに，「題材終末の感想」だけで見取るとなると，文章表現の上手な生徒が"関心あり"と見なされてしまう可能性がある。しかし，これは「題材初発の感想」を書かせることで解決することができる。「題材初発の感想」は，「題材終末の感想」の比較対象となり，「初発」と「終末」の感想を比較して変容を見取ることで，文章力にとらわれない評価が可能になる。

　例えば，「題材終末の感想」だけ見れば量も質も充実していて，評価「A」に値する生徒Yがいるとする。『関心・意欲』は，生徒の記述の変容を見るので，記述が量，質ともにどれだけ変化したかで判断する。ここで，生徒Yの「題材初発の感想」が，単語の羅列であったり，ほとんど書けていないような状態であれば，量，質ともに改善が見られたと見なし，評価「A」に値する。しかし，「題材初発の感想」から十分な記述をしており，「初発」と「終末」の感想を比較しても進歩がさほど見られなければ，『関心・意欲』が高まったとはいえず，評価「A」に値しないことになる。

　このように，「題材初発の感想」という比較対象を用意しておくことで，文章力に左右されない評価が可能になる。

技術・家庭分野共通

第4章 ワークシートの記載内容から"育った"姿を読み取る

3種類のワークシートから何を読み取るか

第1章から第3章までかけて，3種類のワークシートと「働きかけ」をもとに，「関心・意欲・態度」の評価を目標にした授業運営のしかたについて，具体的な事例を踏まえながら説明してきた。それでは，実際に提出させたワークシートの記載内容の変容は，どのように読み取ったらよいのだろうか。ここでは，そのポイントを5点に絞って解説する。

1．「量」・「質」・「情意」の3段階で読み取る
2．「量」の変化を読み取る（第1段階）
3．「質」の変化を読み取る（第2段階）
4．「情意」の変化を読み取る（第3段階）
5．到達度を判定する

1 「量」・「質」・「情意」の3段階で読み取る

「題材初発の感想」と「題材終末の感想」の記載内容を個人内の変容でとらえ，図11に示すように，『関心・意欲』を「量」⇒「質」⇒「情意」の3段階で読み取る。

個人内の変容とは，生徒一人ひとりの「題材初発の感想」の記載内容を基準として，「題材終末の感想」の記載内容がどのように変容したかを読み取る方法である。このため，作文能力に左右されずに読み取ることができる。

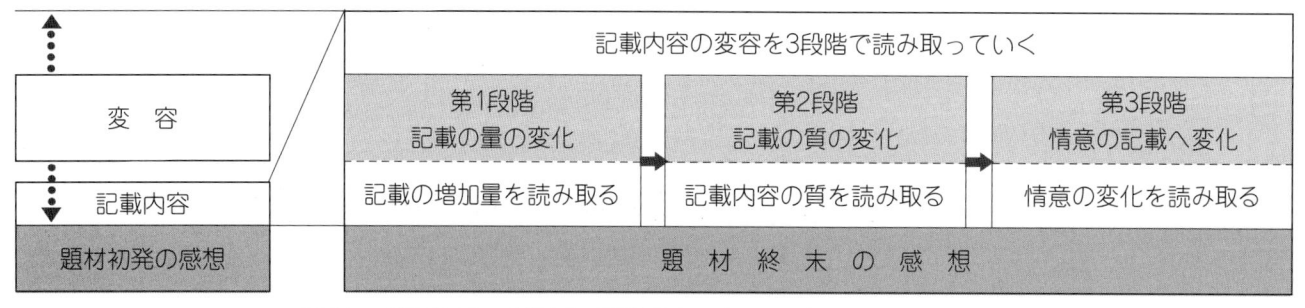

図11 「題材初発の感想」と「題材終末の感想」の変容の3段階での読み取り

2 「量」の変化を読み取る（第1段階）

第1段階は，単語数，文章量が増加したかの読み取りである。表現方法が変化して単語が文章になったため，全体量の減少した生徒については，量でなく質で読み取ることにし，ふり返りがあり，質の段階がクリアしていれば量も増加したと「みなす」。

ふり返りがなく記載量が減った生徒は，到達しないと判断し，指導改善が必要となる。

3 「質」の変化を読み取る（第2段階）

第2段階は，"気づきや思い"が質的に変化したかの読み取りである。質の変化とは，具体的な現象，原因・理由，動作などの状態や仕組みなどについての言及の有無である。大方の生徒は，この段階まで到達していれば，到達していた(B判定)と判断できる。

学習した内容以外への知的好奇心の広がりが確認でき，新たな気づきや発見，学習したこととの内容の比較，観察の詳しいようすなどが記載されるようになる。

4 「情意」の変化を読み取る（第3段階）

　第3段階は，情意の変化の読み取りである。具体的な興味や驚き・感動，これまでに得た知識を生活と結びつけようとする試み，新たな疑問等の記載，前向き，積極的，持続的であろうとする決意，授業への期待，学習成果を生活に生かし向上しようとする態度等の記載，社会や将来の技術を大切に考える等が記載されるようになる。

5 到達度を判定する

　「題材初発の感想」と「題材終末の感想」を3段階で読み取り，到達度の判定をする手順を図12に示す。

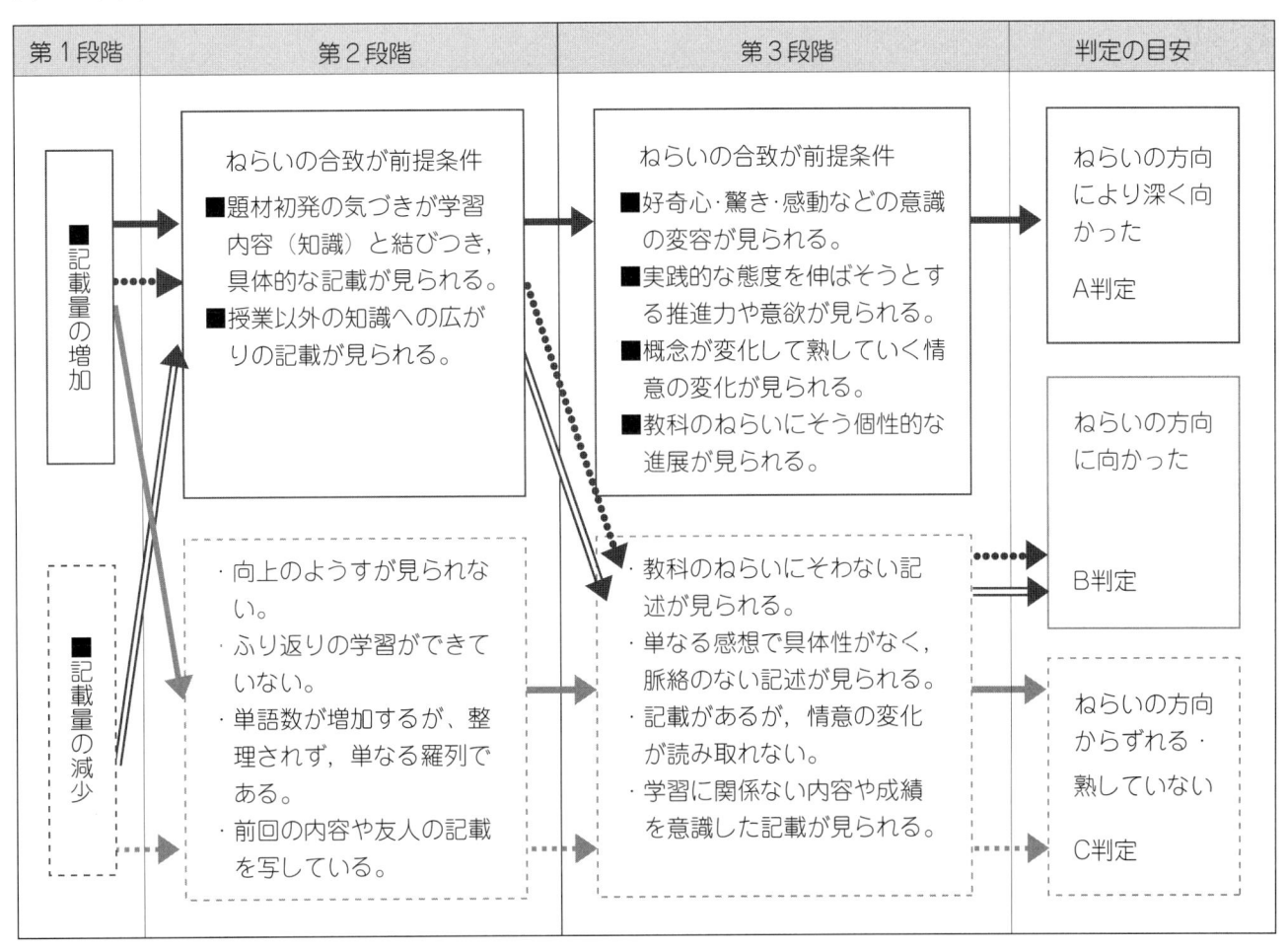

第1段階	第2段階	第3段階	判定の目安
■記載量の増加	ねらいの合致が前提条件 ■題材初発の気づきが学習内容（知識）と結びつき，具体的な記載が見られる。 ■授業以外の知識への広がりの記載が見られる。	ねらいの合致が前提条件 ■好奇心・驚き・感動などの意識の変容が見られる。 ■実践的な態度を伸ばそうとする推進力や意欲が見られる。 ■概念が変化して熟していく情意の変化が見られる。 ■教科のねらいにそう個性的な進展が見られる。	ねらいの方向により深く向かった A判定
■記載量の減少	・向上のようすが見られない。 ・ふり返りの学習ができていない。 ・単語数が増加するが，整理されず，単なる羅列である。 ・前回の内容や友人の記載を写している。	・教科のねらいにそわない記述が見られる。 ・単なる感想で具体性がなく，脈絡のない記述が見られる。 ・記載があるが，情意の変化が読み取れない。 ・学習に関係ない内容や成績を意識した記載が見られる。	ねらいの方向に向かった B判定 ねらいの方向からずれる・熟していない C判定

➡：記載量が増加し，質の向上が見られ，情意についての記述もある。
⋯▶：記載量が増加し，質の向上が見られたが，情意についての記述が弱い。
➡：記載量が増加したが，質の向上がなく，情意についての記述が弱い。
⇒：記述量は減少したが，質の向上が見られる。情意についての記述は弱い。
⋯▶：記述量が減少，質の向上がなく，情意についての記述が弱い。

備考：1．いずれの場合でも別資料での判定はあり得る。
　　　2．「A」「B」「C」判定は生徒指導要録に記載する評価の目安を示す。
　　　3．＜ねらいの方向＞とは＜「題材ごとの評価規準」への方向性＞のこと。目標から大きくはずれていなければ，目標に向かって進んでいるとみなす。
　　　4．第1学年や少ない題材の配当時間の場合は，C判定をB判定とする方法もある。

図12　到着度の判定の流れ

3種類のワークシートからどのように読み取るか

●●●技術分野・家庭分野共通●●●

1　読み取りを楽にするために

（1）「題材終末の感想」を記載させる前に

　「題材終末の感想」を書く学習において、「題材初発の感想」と「授業ごとの感想」を見ながら書かせるようにして、学習内容を思い出させるような言葉かけを行うとよい。

　教師も生徒もはじめて実践する場合、『学習した内容の記載が見られる（またはその量が増える）』ことをB規準とし、すべての生徒がここまで到達できるようにアドバイスするとよい。

　生徒が慣れてくれば、授業の感想ではなく、**自分が「キーワード」について感じたこと**を書けばよいことを理解するため、変容がより明確に表れる。

（2）読み取り作業（評価作業）をするときに

　「題材初発の感想」と「題材終末の感想」のワークシート2枚を横に並べると、変容を読み取りやすい。ワークシートの記載内容を主にして読み取る。生徒の顔が浮かぶような記述でも、そのことに影響を受けないようにする。なお、読み取りは生徒一人ひとりについて「量」「質」「情意」の3段階を読み取るようにする。

　記述の内容が「キーワード」にそっているかどうかを規準にする。例えば、キーワードが「材料」ならば、材料に関する記述の量・質・情意の変化を読み取る。多少離れているようでも、できる限り広く受け止める。

　適切な「働きかけ」が行われた場合であっても、「授業ごとの感想」をきちんと書き、自分で関心を広げ、情意面の記述がしっかりとできる場合はそうは見られない。結果的に、A・B・Cの人数比率は正規分布に近づいていく。この事実は、評価する気持ちを楽にするが、同時に「働きかけ」が適切であったかどうかの反省材料を教師の側に残すことになる[1]。

1) p.97「育った姿の読み取りとフィードバック」参照。

問いかけは慎重に

　ノートに記載してある「問いかけ」や生徒が感想を記入する際の教師の「言葉かけ」は、生徒の記述への影響力が大きく、「問いかけ」や「言葉かけ」に左右されてしまうことも少なくない。

　例えば『○○について、分かったことを書いてみよう』とすると、生徒の記述からは「知識」に関する内容しか出てこない。また、『気づいたことを書いてみよう』のように「気づく」という言葉は一見、「思う」や「感じる」などの「情意面を引き出す」言葉のように思えるが、「知識面を引き出す」言葉にとらえられてしまいかねない。問いかけの言葉は慎重に選び、生徒に記述させる必要がある。

2　段階別の読み取り作業の実際

（1）第1段階　「量の変化」では、何に注目するか

　単純に、ぱっと見た感じ（文字の量）が増えたかどうかで判断する。内容は次の段階で判断するので、ここでは見ない。単語量が増えたり、単語や絵が文章になったりする場合も、量が増えたとみなす。生徒に量が増えていることを見せながら「増えたね」「よかったね」と働きかければ、関心を育てるよい刺激になる。

（2）第2段階　「質の変化」では，何に注目するか

「キーワード」に沿う内容に着目する。一見すると知識の変化に見えるが，それでよい。授業を通して身につけた知識を書いているかどうかを，質の変化の入り口と考える。この場合，生徒は授業で覚えた単語を羅列し，「～がわかった」という表現を多用する。この段階にたどり着いたら，記述量の減少があっても「B規準に到達した」と判定する。

さらに，**学習したこと以外で「キーワード」に沿う内容**の記述が増えたら情意の変化までもう一歩である（例えば，『家のテレビのリモコンに使われている材料はプラスチックだった』『習ったもの以外に，衣服にはこんなマークもついていた』など）。

記載量が減り，質の向上が見られない場合は，B規準に到達していないと判定する。

（3）第3段階　「情意の変化」では，何に注目するか

「キーワード」に沿った**"行動や態度，気持ちの変化"**に着目する。最も多いのは，知識から意識へと気持ちが移り，知的好奇心がわき，生活に結びつけるような感想である。『コンピュータを使うのが楽しくなった』『自分の洋服についているマークの意味が分かってうれしかった』など，「楽しかった」「うれしかった」「おもしろかった」「驚いた」「感動した」という感情的な表現が見られる。1年生ならばこの段階で，Aと判定してよいだろう。

次に多いのは，『関心・意欲』から，態度や行動を表す記述へと変化した感想である。家具に使われている材料を調べてみた，家で料理を自分でつくってみたなど，『関心・意欲』の成長が行動を促したと判断できる内容が見られる。行動が伴えば，いわゆる「関心・意欲・態度」が育ったとみなせる。2・3年生ならば，Aと判定するにはこの段階までは到達させたい。

最終的には，概念が変化した感想も表れる。『技術は生活に欠かせないものだと思うようになった』『子どもを育てるのは将来をよくするために大切なんだと思う』といった感想が表れれば，教科の最終目標に到達したともいえるし，教師冥利に尽きる。

3年生の3学期にこのような感想が見られるよう生徒を育てていきたい。

その生徒なりの変化（個人内評価）なので，「題材初発の感想」に書かれた感想と比較するほうがよい。感じ方や心情が育っていなければ成長とはみなせない。

「題材初発の感想」を書けなかった生徒や，「題材初発の感想」を準備しなかった場合の評価

全員が到達すべき基準を明確にしておき（例えば，「木材への知識が広がり，木材に興味をもったようすが読み取れる」など），それをB規準として評価する。「題材初発の感想」がなくても，ある程度は評価できる。

しかし，やはり「題材初発の感想」がないと，生徒ごとの基準で評価できず，単なる知識の評価と勘違いされてしまう。したがって，ワークシートによる評価だけでなく，他の評価資料（他の感想，授業中のようすなど）を組み合わせることも必要になる。

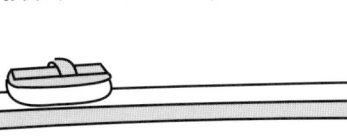

3 読み取りの判定をどのように行うか

読み取りの視点と，判定のための規準（評価規準）を示したのが，表13で示す判定表例である。

この表はあくまで例であり，分野や学習内容による扱い方の違い，学年の進行状況などによって変えて行く必要がある。その具体例は以下に示すが，こうした規準や基準を定めることによって，技術・家庭科の評価が両分野の点数合わせではなく，一貫した視点をもつものになっていく。

表13　育った姿を読み取る評価規準となる判定表の例

	読み取りの視点		読み取りたい変容の具体例
第1段階	量の増減	量の減少か同等	△ふり返りがなく記載量が減った。（※指導改善が必要） ◇単語が文章になったため，記載量が減少した。（量でなく質で読み取り，質の変化で読み取ることができれば関心の変容があったと判断）
		量の増加	◇知識等が広がり，単語数・文章量・行数等の記載量が増加する。 （名称の羅列，思い出し，単なる感想）
第2段階	質の変化	学習した内容の記載	◇"気づきや思い"が意識されるようになって学習内容と結びつき，知識量が拡大し，学習した内容の具体的な記載が見られる（「働きかけ」の言葉や，授業で学習した用語が記載されている）。
		学習外の内容の記載	◇学習した内容以外にも目が向き，興味の広がりや深まりの記載が見られる（学習した内容以外への新たな気づき・発見・知識，理解の深まり，学習した内容との比較，観察のようす）。
第3段階	情意的な内容の有無	知識等が気持ちへと移る	◇知的好奇心，生活との結びつき，新たな疑問などの記載が見られる。具体的な興味や驚き・感動のように，感情についての記載が見られるようになる。 ◇社会へ目を向ける気持ちの芽生えや具体性を伴った感覚的な記載が見られる。
		態度や行動へと変化	◇具体的に行動しようとする態度や行動の記載が見られる（学習成果を生活に生かそうとする態度，自分なりの価値観をもってよりよい方向へ向上しようとする態度，前向き・積極的・持続的であろうとする決意，授業への期待，など）。
		概念の変化	◇技術や生活，あるいは技術分野や家庭分野の内容への本質に迫る概念（考え方）の変化，社会や将来の技術や生活を大切に考えるなどの記載が見られる。 ◇教科のねらいにそう個性的な進展が見られる記載が見られる。

備考：あくまでも，生徒一人ひとりの変容(個人内評価)を読み取るのであるから，「題材初発の感想」が単語でなく，文章で書いてある場合でも，その文章がどう質的に変化したかを読み取る。

4 育てる評価規準と読み取る評価規準との関係

「関心・意欲・態度」の評価規準は「働きかけ」により育てる目標である。したがって、評価の読み取りの対象は「育ちの姿」ということになる（図13）。題材の評価規準と「働きかけ」、育ちを判定する評価規準の関係は表14のようになる。

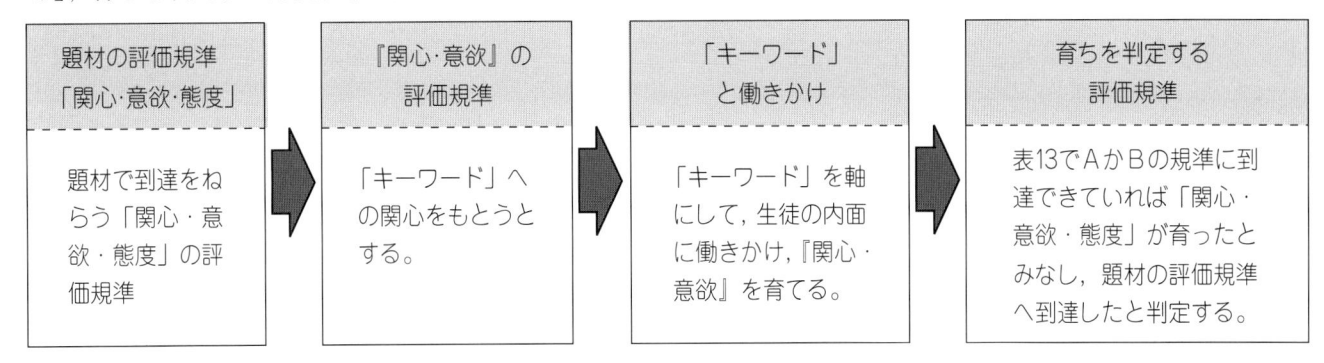

題材の評価規準「関心・意欲・態度」	→	『関心・意欲』の評価規準	→	「キーワード」と働きかけ	→	育ちを判定する評価規準
題材で到達をねらう「関心・意欲・態度」の評価規準		「キーワード」への関心をもとうとする。		「キーワード」を軸にして、生徒の内面に働きかけ、『関心・意欲』を育てる。		表13でAかBの規準に到達できていれば「関心・意欲・態度」が育ったとみなし、題材の評価規準へ到達したと判定する。

図13　題材の評価規準へ育て到達させていく「働きかけ」の順序

表14　評価を読み取った「育ちの姿」を判定する評価規準の例

	題材の評価規準	『関心・意欲』の評価規準	働きかけの例	評価規準
技術分野	材料加工に関する技術に関心をもち、作品づくりから得た技術を生活に生かそうとしている。	身の周りに使われている材料への技術に関心をもとうとしている。	さまざまな「材料」を扱う場面を通して、材料を見せ、触らせ、知らせる。	B：材料について、授業外への新たな気づきを読み取れる。 A：生活にある材料に気持ちが移行したようすを読み取れる。
	コンピュータに関心をもち、学習で得たコンピュータの機能を生活に生かそうとしている。	身の周りに使われているコンピュータの機能に関心をもとうとしている。	「コンピュータ」のさまざまな機能を利用する場面を通して、便利さや不安を体験させる。	B：コンピュータの機能について、授業外への新たな気づきを読み取れる。 A：コンピュータに対する概念の変化を読み取れる。
家庭分野	衣生活へ関心をもち、実習から得た技術を生活に生かそうとしている。	自分の衣生活に関心をもとうとしている。	衣服を補修する場面を通して、布地を触り、ボタン付けを体験させる。	B：衣生活について、自分の生活への新たな気づきを読み取れる。 A：衣生活への気持ちや思いが膨らんだようすを読み取れる。
	自分の消費生活に関心をもち、学習した内容を生活に生かそうとしている。	身近な販売方法に関心をもとうとしている。	ロールプレイ活動を通して、さまざまな販売方法を実演し、消費者の立場を体験して、便利さや不安を感じさせる。	B：身近な販売方法について、授業外への新たな気づきを読み取れる。 A：「消費生活」に対する概念の変化を読み取れる。

技術分野　読み取りの具体例

•••● 技術分野 ●••

1 〔事例1〕　A　技術とものづくり（1年生）

（1）「キーワード」を再確認する

基礎的な加工技術に関する題材として，「キーワード」は「材料」とし，ワークシートの問いかけは『材料って何だろう？』とした。

（2）"育ち"を読み取り，判定を行う

1年生でもあり，はじめて『関心・意欲』の感想を書くことから，授業で学習した内容に関する知識の広がりが見られたらB基準（全員到達基準）とする。

表15　「A　技術とものづくり」の判定表の例

	読み取りの視点		実際の記述例	判定例
第1段階	量の増減	量の減少か同等	（質の変化も見られない）	C
		量の増加	（領域の広がりを読み取れる）	
第2段階	質の変化	学習した内容の記載	◇木材には，繊維方向がある。 ◇合板や集成材など，いろいろな種類がある。 ◇木材には，針葉樹材と広葉樹材がある。 ◇材料には，木材，金属，プラスチックがある。	B
		学習外の内容の記載	◇材料に合った工具の使い方がある。 ◇金属には，繊維がない。 ◇ほかには，ゴム，布，ガラスなどの材料もある。 ◇針葉樹は建築材として使われることが多い。 ◇家の建物にも木材が使われている。	
第3段階	情意的な内容の有無	知識が気持ちへと移る	◇自分の家でいろいろな木材を見つけた。 ◇通学路でいろいろな材料を見つけた。 ◇家のリモコンには，どんな材料が使われているだろう。 ◇金属の棚のほうがじょうぶそうに感じる。 ◇木の肌触りって，思ったよりいいな。	A
		態度や行動へと変化	◇自分でも材料を見つけに行ってきた。 ◇材料の形に合う工具を選ぶようになった。 ◇木材の勉強をしたら，100円ショップに行って木の製品を買うようになった。	
		概念の変化	◇目的に合う材料を選ぶことが大切だと思う。 ◇その場所に適した材料を選ぶべきだ。 ◇以前は木なんてみんな同じだと思っていたけど，合板とか集成材とかいろいろな種類があって，それぞれ使い分けるのがだいじだと思うようになった。	

（3）読み取りの例

「『材料』と聞いて，『今』思いつくことを書こう」とした場合を例に取る。

〔A判定の記載例〕

《題材初発の感想》
- 木材→スギ，マツ，ブナ
- 金属→鉄，金，銀，銅，なまり
- 布　→きぬ，キルト，フェルト
- 紙　→厚紙，コピー紙
- 食材→果実，調味料，野菜

→

《題材終末の感想》
- 材料にはいろいろあり，木材以外に，金属・プラスチック・布などさまざまな材料がある。それらを有効に使うと生活に生かせる。
- 繊維方向は木材にとってとても重要なことである。それは，のこぎりで切断するときも加工のときも，繊維方向によって仕上がりが違ってくるから。
- 身近ななかでも，木材（材料）の特色を生かした使われ方をしている。工夫されている。
- 身近ななかにもいろいろな材料があることを知り，普段でも『これは何の材料からできているのか？』など，考えられるようになった。

① **量の変化**：記載量は明らかに増加した。
② **質の変化**：学習前は知っている材料名の羅列だった。学習後には，授業で学んだことを踏まえ，「材料を有効に使うと生活に生かせる」や「木材の特色を生かした使われ方」と，学習外の内容に自分で気づいたようすを読み取れる。
③ **情意の変化**：後段の内容から，普段でも材料を意識するようになったようすが読み取れる。
④ **判定**：材料に対する知識の変化と心情（意識）の変化が読み取れるため，「A」判定とする。

〔判定に迷った例〕

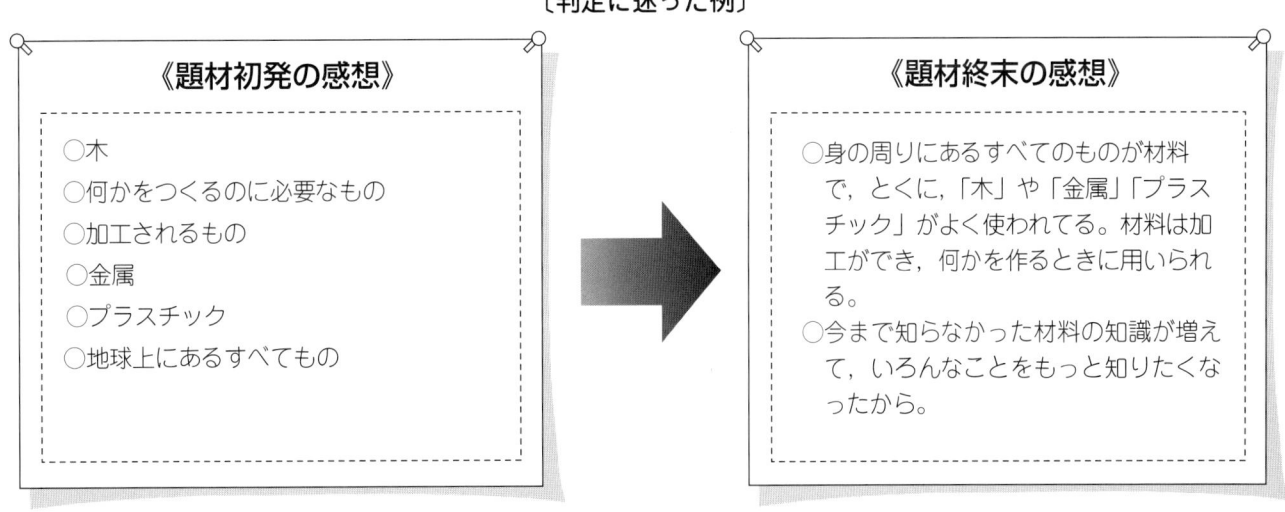

《題材初発の感想》
- 木
- 何かをつくるのに必要なもの
- 加工されるもの
- 金属
- プラスチック
- 地球上にあるすべてもの

→

《題材終末の感想》
- 身の周りにあるすべてのものが材料で，とくに，「木」や「金属」「プラスチック」がよく使われてる。材料は加工ができ，何かを作るときに用いられる。
- 今まで知らなかった材料の知識が増えて，いろんなことをもっと知りたくなったから。

① **量の変化**：記載量は増えている。
② **質の変化**：授業で学習した内容が記載されている。学習前に比べれば，知識が増えたといえるが，授業外の内容まで広がったとは言い難い。
③ **情意の変化**：『もっと知りたくなった』と書かれているが，それを裏づける知識の変化が読みとれない。
④ **判定**：学習外への知識の広がりをどう読み取るかによるが，「B」判定がよいだろう。

（4）読み取りの結果

○大まかに見て，「～がわかった」という内容だけならば，心情が伴っていないと判断してB判定とする。

授業から外へ出ていない，生活と結びつけていないものはB判定とする。しかしこれは，1年生なら仕方ない面もある。

2 〔事例2〕　B　情報とコンピュータ（3年生）

（1）「キーワード」を再確認する

マルチメディアの学習として，プレゼンテーションソフトウェアを活用し，さまざまな素材の扱い方や，コンピュータならではの機能を学習する題材を例に取る。キーワードは「コンピュータでできること」とする。

（2）"育ち"を読み取り，判定を行う

大まかに見て，「～がわかった」という内容だけならば，心情が伴っていないと判断してB判定とする。

3年生でもあることから，授業で学習していない内容の増加をB基準（全員到達基準）とし，生活とコンピュータを結びつけた感想の記載を期待する。1年生の場合には，「知識が気持ちへと移る」記載が見られたら，A基準に到達したと判定してよい。

表16 「B　情報とコンピュータ」の判定表の例

	読み取りの視点		実際の記述例	判定例
第1段階	量の増減	量の減少か同等	（質の変化も見られない）	C
		量の増加	（領域の広がりを読み取れる）	
第2段階	質の変化	学習した内容の記載	◇画像の取り込みができる。 ◇音を出したり，画面を動かしたりすることができる。 ◇何度でもコピーができる。 ◇コンピュータはさまざまな情報を扱える。 ◇コンピュータはパソコンだけではない。携帯電話や家電製品にも使われている。	B
		学習外の内容の記載	◇携帯電話でも，パソコンと同じように情報を検索できる。 ◇インターネットから素材をダウンロードできる。 ◇介護ベッドにもコンピュータが使われている。 ◇コンピュータだから著作権の問題が大きく取り上げられていると分かった。 ◇家にあるソフトの使い方が分かった。	
第3段階	情意的な内容の有無	知識が気持ちへと移る	◇ゲーム機の中を見てみたくなった。 ◇座ったまま，何でもできちゃうなんてすごい。 ◇インターネットの世界はマルチメディアばかりだなと思った。 ◇公民館の情報端末にはキーボードがなかったけど，指で触れば操作できたからおもしろかった。	A
		態度や行動へと変化	◇自分でホームページをつくってみようと思う。 ◇著作権について家で，自分で調べてみた。 ◇ラジコンを分解したらコンピュータがあった。 ◇技術の時間に勉強したプレゼンを，総合的な学習の時間に使ったらすごくうまくいった！	
		概念の変化	◇「コンピュータ＝インターネット」と考えていた。 ◇コンピュータって聞くと，パソコンのことばかり思い浮かべていたけど，身近なところにたくさん使われているからすごく身近な存在に感じるようになった。 ◇コンピュータは必要不可欠な存在になっていると思った。	

（3）読み取りの例

「『コンピュータでできること』と聞いて，『今』思いつくことを書こう」と発問した場合を例にとる。

〔A判定の記載例〕

《題材初発の感想》
- Eメール　○インターネット
- ネットショッピング（オークション）
- ハッキング　○掲示板　○多くの人々との交流　○プレゼンテーション
- ブログの作成　○テレビを見る
- FLASHを見る，作成する
- 最新の世界情勢やニュースを見ることができる。

→

《題材終末の感想》
- コンピュータでできることは，さまざまなことがあるけれども，著作権や他の法律などさまざまなものに制限されているということが分かった。コンピュータで，音楽を入れたり，画像を編集したり，アニメーションをつけることができる…と，表現に＋αを加えることができることが分かった。しかし，つくるときにもいくつか「著作権を侵害してしまうのではないか」と疑問をもってしまうようなところがあった。この問題は今とても深刻な問題であると思う。これからコンピュータを通して，人と人とのかかわりについてよく考え，コンピュータでしかできないことを最大限に利用することができるようになりたいと思った。

①量の変化：記述量が明らかに増えた。
②質の変化：「～がわかった」という表現が増えた。「題材初発の感想」では単なる使い方の記述だったが，「題材終末の感想」ではコンピュータの特徴や機能に関する記述に変化した。とくに，授業で学習した操作や知識（著作権）だけでなく，画像編集や他の法律について知識が増えたようすも読み取れる。
③情意の変化：②の知識を踏まえ，自分でも疑問をもったようすや，コンピュータならではの利用法や問題点を意識しはじめたようすが読み取れる。それを今後に生かそうとする感想も読み取れる。
④判定：知識を伴う心情の成長を読み取れたので，「A」判定とする。

〔C判定の記載例〕

《題材初発の感想》
計算，インターネット，文章・画像・動画の作成，編集
ソフトウェアの実行

→

《題材終末の感想》
- 音楽，写真，文字などを組み合わせることができる。
音楽などを何回もコピーすることができる。だから著作権の問題が出てくる。

①量の変化：記載量は増えている。
②質の変化：「題材終末の感想」では授業で覚えた内容しか書かれていない。
③情意の変化：全く読み取れない。
④判定：関心が育ったと判断できず，「C」判定とする。

（4）読み取りの結果

「態度や行動の変化」をA基準にすることで，単なる感想だけの生徒はB基準にとどまる。結果，A基準に到達する生徒は全体の1割程度になる。

3年生の最後ということもあり，「～がわかった」「楽しかった」だけでなく，「生活のこういう場面でこういうことに生かせた」といった態度面の記述が明確に表れることも考えられる。これは「行動が伴う心情の変化」とみなし，A基準に到達したとみなす。すなわち，「関心・意欲・態度」が育ったものとみなす。

家庭分野　読み取りの具体例

●●● 家庭分野 ●●●

1 〔事例1〕　A　生活の自立と衣食住（2年生）

（1）「キーワード」を再確認する

「衣生活」と「よりよい住まい」とした。「衣生活」では，取り扱い表示やボタン付けなどの印象が深く，それに関する感想が多く見られた。「よりよい住まい」では，快適に住まうためにはどうすればよいかのことを中心に記述した生徒が多かった。

（2）"育ち"を読み取り，判定を行う

授業で学習した内容とそれに関する知識の広がりが見られたらB基準とした。

表17　「A　生活の自立と衣食住」の判定表の例（衣生活の例）

	読み取りの視点		実際の記述例	判定例
第1段階	量の増減	量の減少か同等	（質の変化も見られない）	C
		量の増加	（領域の広がりは読み取ることができる）	
第2段階	質の変化	学習した内容の記載	◇衣服の取り扱い表示が分かる。 ◇衣服の表示からいろいろなことが分かる。 ◇ＴＰＯを考えて衣服を選ぶ。 ◇衣服は気持ちや自分らしさを現す。 ◇衣服を購入するときの注意点が分かる。	B
		学習外の内容の記載	◇無駄な服がないように買うときに注意したい。 ◇個性を現せば，他人と違っていてもいいんだ，と思った。 ◇衣服にはいろいろな表示がついていることに気づいた。 ◇衣服の手入れ方法についてさまざまな方法があることに気づいた。 ◇衣服はいろいろな繊維からできていることが分かった。	
第3段階	情意的な内容の有無	知識が情意へと移る（生活との結びつき）	◇どんな生地なのか，色は何色系なのかなど欲しいもののイメージを固めてから買いに行こうかと思った。 ◇衣服を着るときには，その場に合った服を着ることに意識するようになった。 ◇洗濯物を洗濯機の中に入れるとき，表示を見るようになった。 ◇制服のボタンがとれたら自分で付ける自信がある。 ◇自分の服の手入れ方法が分かった。	A
		態度や行動へと変化	◇衣服の表示を見て購入するようになった。 ◇衣服を購入するときに，自分の持っている服との組み合わせについて考えてから買った。 ◇制服のボタンがとれたので自分で付けた。 ◇衣服の整理や衣替えを自分でやった。 ◇制服のアイロンを自分でした。	
		概念の変化	◇自分に合ったものを選ぶようになった。 ◇取り扱い絵表示に従わなければ，服がだめになってしまう。 ◇衣服とは，外見の美しさだけでなく，内面の美しさも表現できるのだと感じた。 ◇衣生活とは，結構いろいろなことを考えて生活しなければいけないと思った。 ◇衣服に関する考え方が広がったので，自分でできることは自分で行うようにしていきたい。	

（3）読み取りの例

「『衣生活』と聞いて，『今』思いつくことを書こう」とした場合を例にとる。

〔A判定の記載例〕

《題材初発の感想》
服装　使い分け
　　　制服・私服
体温調節→体温管理
　　　買う。着る

→

《題材終末の感想》
○今まで，とくに意識して見ていなかった「衣服」についていろいろ考えることができた。取り扱い絵表示も今までなんとなく目に入るだけだったけれど，それぞれの意味を知り，その服の特徴なども知ることができた。また，今までなんとなく選んでいた自分の衣服も関心をもち，自分の好きな色やその服の機能も考えながら，自分に合ったものを選ぶように意識することができるようになった。ボタン付けやまつり縫いなども覚えることができたので，これからは，ボタンがとれたときに人まかせにせず，自分の手で長持ちさせたい。

① 量の変化：記述量が明らかに増えた。箇条書きが文章になった。
② 質の変化：まずは，知識を学習した内容に整理して書かれていた。また，「〜することができた」という今まで意識していなかった部分が意識するようになったなどの表記がでるようになった。
③ 情意の変化：何となく選んでいた服についても関心をもつようになったことや，自分に合った色とか機能なども考えて選ぶようになった点が学習前から変化したところである。また，習ったことを実生活に生かしていこうという姿勢が感じられる。
④ 判定：知識を伴う心情の成長が読み取れたので「A」と判定する。

〔判定に迷った例〕

《題材初発の感想》
衣服→いつも着るもの（身に付けるもの）
洋服，和服→ブランド
衣服を仕上げる→デザイナー（職業）・
　　　　　　つくる・売る・買う

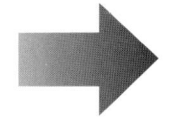

→

《題材終末の感想》
○衣生活とは，衣服の働きを知り，場所や季節，着る人の好みで服そうや素材を変えたり，服を買ったり，つくったりすることだと思います。
○服を直したり，つくったりすることはやり方を知れば，だいたいのことができると思い，もっといろんな縫い方などを知りたいと思いました。また，衣服の素材を見たり，手入れの仕方を見たりして衣服を買ったりしていきたいと思いました。

① 量の変化：記述量は増えている。
② 質の変化：授業で習ったことをもとに考えを書いている。知識の広がりはない。
③ 情意の変化：「〜していきたい」という思いは書かれているが，感想で終わっている。「知りたいと思いました」では，今後のそれにつながる考えが示されていない。
④ 判定：感想のみが書かれていて，知識の広がりがないため「B」判定とした。

（4）読み取りの結果

家庭分野の題材は生活に密接にかかわりのあるものが多いので，結果が明確になる場合が多い。「題材終末の感想」の記述のなかに，「〜ということがわかった」「〜と思った」だけではなく，「〜にしていきたい（そのためにどうするか）」や，「〜することができた」「〜するようになった」という記述があれば，A基準に到達したものとした。

2 〔事例2〕　B　家族と家庭生活（2年生）

（1）「キーワード」を再確認する

　2年生の学習で「消費生活」を，3年生の学習では「子ども」をキーワードとして授業を行った。3年生の学習では，「子ども」だけでは軸が広がりすぎて書きにくい場合は，「子どもの○○」と，より具体的なイメージをもてるようにした。

（2）"育ち"を読み取り，判定を行う

　授業で学習した内容とそれに関する知識の広がりが見られたらB基準とした。

表18　「B　家族と家庭生活」の判定表の例（消費生活の例）

		読み取りの視点	実際の記述例	判定例
第1段階	量の増減	量の減少か同等	（質の変化も見られない）	C
		量の増加	（領域の広がりは読み取ることができる）	
第2段階	質の変化	学習した内容の記載	◇商品にはいろいろなマークがついている。 ◇商品の選び方が分かる。 ◇商品の販売方法が分かる。 ◇悪質商法についての手口が分かる。 ◇悪質商法の被害に遭わないためにはどうすればよいかが分かる。	B
		学習外の内容の記載	◇自分たちのもつ権利を使ってこの生活をよりよくできることが分かった。 ◇商品一つ選ぶにもいろいろな種類があることが分かった。 ◇架空請求も悪質な商法だと思った。 ◇ノートにもマークがついていることに気づいた。 ◇安易に街頭でのアンケートに答えるべきではないと思った。	
第3段階	情意的な内容の有無	知識が情意へと移る（生活との結びつき）	◇環境問題について気をつけるようになった。 ◇手口が多いので，自分もだまされるかもと思った。 ◇悪質な商法は結構身近にあるということを感じた。 ◇商品一つ選ぶのも気を遣うようになった。 ◇ものをだいじに使うようになった。	A
		態度や行動へと変化	◇商品を選ぶ際にマークを見て買うようになった。 ◇コンビニに行ったときに，商品一つのときは袋はいらないと言った。 ◇この間，アポイントメントセールスのような電話がかかってきたので断った。 ◇家族で悪質商法について話す機会があった。 ◇衝動買いはしないように心がけるようになった。	
		概念の変化	◇世の中にはよいものがたくさんあるが，すべてが自分に必要なものではないのでしっかり考えたい。 ◇消費生活とは，毎日の生活そのものであると思った。 ◇商品を買うときは，もっと意識をして買うべきだということをこの学習を通して思った。 ◇消費生活について考えて生活することは，結果的に環境によい暮らしにつながると思う。 ◇自分の毎日の生活そのものの考え方が変わりそうだ。	

（3）読み取りの例

「『消費生活』と聞いて，『今』思いつくことを書こう」とした場合を例にとる。

〔A判定の記載例〕

《題材初発の感想》
- 自給自足と違ってつくらないで消費だけする生活
- いろいろ使って生活すること
- 買い物すること　○食べること
- お金を使って生活すること
- だれかにつくってもらったものを自分で使う，食べる

→

《題材終末の感想》
- 生活するために，生活をよりよくするためにお金を払うことだと思う。だから，商品を買う前によく内容，機能，省エネ，使いやすさ，価格，品質，保護，デザインなどを考えて買うべきだと思う。悪質商法みたいにだまされて買ってからでは手遅れになってしまうこともあるから，とくに消費者を守る法律ができるんだなと思った。インターネットなどの買い物などは，便利だと思うが注意をしていきたい。また，もし被害に遭っても冷静に判断できる消費者になりたい。これから「買う」ことに対して意識をもう少し高くもって消費生活をよりよくしたい。

①**量の変化**：記述量が明らかに増えた。箇条書きだったものが文章になった。
②**質の変化**：記述している観点として，生活をよりよくしていくことを自分自身の生活にそって書かれている。
③**情意の変化**：今後，自分の生活で起こるかもしれない状況に対して「～していきたい」という思いが記述内容から感じられる。自分も消費者として，もし被害に遭ったとしても自分で解決しようとする態度が記述から見られる。
④**判定**：知識を伴う心情の成長が読み取れたので「A」と判定する。

〔判定に迷った例〕

《題材初発の感想》
- 節約などすること
- 省エネ
- 何か物を買ったり売ったりすること
- ダイエットすること
- 太陽光発電などをすること
- 値段を下げてもらうこと
- 御飯を炊くこと　○食べ物を消費？

→

《題材終末の感想》
- 節約すること　○エコロジー　○環境
- お金　○商売　○生活物資　○生産
- 食事　○生産されたいろいろな物を消費していく私達の生活　○安全な暮らし
- 基礎知識　○仕事　○社会　○生活費
- 安全な暮らし　○物を大切にする　○衣類

①**量の変化**：記述量は増えている。
②**質の変化**：学習内容の記述がなく，自分の考えたことしかない。
③**情意の変化**：まったく読み取れない。
④**判定**：関心が育ったと判断できず「C」判定とする。

（4）読み取りの結果

　情意の変化を見てきているが，学習した内容だけでとどまっている生徒に関してはB基準としている。また，知識はたくさん書いてあるが，感想が書かれていないとか，あっても情意面がそこから見取れない場合はB以下である。

　A基準と判定されるものは，感想のなかに「生活に実際に生かせた」であるとか，「学習前と学習後」での自分の思いの変化など，変わった気持ちが書かれているかである。

段階的な評価の実践化計画の例

〇初年度：3種類のワークシートを作成して，ともかく実践してみる
　ワークシートの記載内容に変容が表れてくると感動がわく。その段階で，記載内容からの読み取り結果の評価資料を1～2割（p.93 ❸表）でも取り入れ，行動観察・忘れ物などチェックの割合を少なくしていく。

〇2年度：初年度の経験を生かし読み取りを深める
　働きかけを工夫していくと，態度形成まで達していくようになる指導感覚が分かってくる。その段階で，記載内容からの読み取り結果の評価資料の割合を5割以上にしていく。

〇3年度：読み取りの精度を上げる
　「関心・意欲・態度」を育てる指導感覚が身についてきたところで，記載内容からの読み取り結果の評価資料の割合を，限りなく10割に近づけていく。

第2部 ケーススタディ

第2部では、小学校家庭科、中学校技術・家庭科の実践例から学ぶケーススタディを紹介してある。ほとんどの実践例で、記載内容に変容が見られ、育った姿を評価することができている。なかには、はじめての実践にもかかわらず働きかけが有効に機能して、態度形成までいたった例もある。

実践でうまくいかなかった点や悩んだ点を、指導者自身がどう改善していったかに注目して並べてある。それぞれの実践で注目すべき点を「コメント」として書き加えた。

これらのケーススタディを参考に、育て、育った姿から評価する実践に踏みだし、ほんとうの意味で「生きる力」を育てることのできる授業をつくり上げていただきたい。

---

1. 児童の生活実感に沿うキーワードの工夫（54）
2. 「授業ごとの感想」を有効に活用する工夫（56）
3. 見る・触る・体験する 働きかけの工夫（58）
4. 問いかけを工夫した実践（60）
5. 実物の観察などから働きかける工夫（62）
6. 「授業ごとの感想」からの読み取り（64）
7. ロングスパンで働きかけを工夫する実践（66）
8. ショートスパンで働きかけを工夫する実践（68）
9. 書く時間を確保することの大切さ（70）
10. キーワード選びの失敗から学ぶ（72）
11. 判定表を先に作成してから授業にのぞむ工夫（74）
12. 途中からキーワードを加える工夫（76）
13. 授業単位の記載活動からステップアップ（78）
14. キーワードを変えずに働きかける大切さ（80）
15. 3年間で大きく育った「関心・意欲・態度」（82）

〔付録〕原寸大　3種類のワークシート（86）

ケース1　児童の生活実感に沿うキーワードの工夫

題材の概要
- 題材名：「わが家の健康クッキングパートⅡ」（ごはんとみそ汁，1食分の食事を考える）
- 学　年：小学校6年生
- 時間数：13時間
- 軸となるキーワード：「健康的な食生活」

目標・ねらい

児童が学習を実生活に生かすことができるように，学習を進めるにあたって心がけたのは，家庭の食生活を見つめる機会をつくること，食事内容や調理法についてじっくり考え話し合う時間をとること，学習を家庭で生かす時間をつくること，その際に，家庭からコメントをもらうことである。
自分や家族の食生活についてふり返り，インタビューや家庭観察や実験調理を通して考え，その経験をもとに家族の健康に留意しながら自分なりに工夫した1食分の食事を考えるようにした。

学習項目	学習内容	働きかけ
1. 食生活を見直そう〔1時間〕	・ごはんとパンを試食し，どちらを支持するか考える。 ・ごはん食対パン食の討論をして，ごはんのよさを見直す。 ・1週間の食事調べをして，自分の食生活をふり返り，食事のしかた，食事をつくる人の工夫について考える。	実際に食べ，実生活を思い起こせるようにする。「どっちがいいか，まず，食べてみよう。」 討論形式で，食についてより深く考えられるようにする。「ごはん食とパン食はどちらがいいかな？」 ごはんのよさを知るために専門家（栄養士）のコメントビデオを見せる。「**先生が話してくれた大切なことを聞いて，どう思った？**」 1週間の食事調べをすることで，家族や自分の食生活を見つめる機会をつくる。「おうちの人はどんなことを気にして料理をつくっていたかな？」
2. おいしいごはんとみそ汁の秘密〔6時間〕	・わが家のごはんとみそ汁を紹介し合い，ごはんの炊き方やみそ汁のつくり方のコツについて考える。 ・ごはんとみそ汁について調べたい課題や実験方法を考える。 ・ごはんやみそ汁についての自分の課題を実験調理で確かめる。 ・実験調理の結果を生かしながら，健康や好みにこだわったごはんとみそ汁を考える。	給食のみそ汁はどのようにつくっているのか栄養士のコメントビデオを見せる。「**給食のみそ汁はどうしておいしいのかな？**」 自分の興味のある課題を調べることで意欲をもてるようにする。「ごはんやみそ汁について調べてみたいことはないかな？」 食べて比較してみることで，おいしいごはんやみそ汁をつくるコツを実感できるようにする。「おいしくつくるコツは何？」「友達のつくったものはどう？」 実験結果を発表し合い，ごはんとみそ汁をおいしくつくるコツを考えさせる。「どうすればおいしいごはんと，健康を考えたみそ汁ができるかな？」
3. myごはん＆みそ汁をつくろう〔3時間〕	・調理実習をする。試食をし合い，感想交流をする（反省を生かして家庭で実践するよう促す）。	お互いに感想をもらうことで，つくった喜びや達成感が味わえるようにする。「おいしくできた？」「どんなこと書いてもらった？」
4. 1食分の献立を考えよう〔2時間〕	・家族の健康や好み，栄養のバランスを考えながら，1食分の献立を考える。	栄養士が献立を考えるときのポイントをアドバイスする。「どんなことに気をつければいいのかな？」「みそ汁を家でもつくってみよう。」
5. 実践報告会をしよう〔1時間〕	・家庭で取り組んだことや反省を報告する。	家の人からみそ汁や1食分をつくった感想をもらって喜びを感じることで，日々の家庭実践につながるようにする。「家でつくってみてどうだった？」「また，やってみたいと思った？」

ワークシートへの記載例

《題材初発の感想》
・バランスがとれていて一日三食

→

《題材終末の感想》
・栄養かたよりなし病気になったり風をひいてしまったりするからしっかり健康のことを考えて油分りんをひかえめにするとか塩分もできるだけ減らさないと健康的な食生活とはいえないなと思う

・栄養はたりていても同じものばっかしとかやめて、色々な食品の栄養をとるほうが良いと思う

評価の読み取り方

	評価基準	記述例
A	記載量が増加し，健康的な食生活について家庭生活の向上と結びつけて考えられるなど，前向きな姿勢が見られる。	・栄養のことを考えるようになって，苦手なものも少し食べるようになった。 ・前までは文句をつけて食べていたけれど，お母さんはバランスを考えてつくってくれていると思うようになった。 ・健康のことを考えて油や塩分を控えめにしたい。
B	記載量が増加し，健康的な食生活に関する具体的な記述や学習の深まりが見られる。	・赤の食品，黄色の食品，緑色の食品のバランスを考える。 ・主食，主菜，副菜，汁物を考えて料理をつくる。 ・具の分量やだしのとり方，煮込み加減が難しい。
C	初発の感想に比べて，記載量が減少したり，内容の質が低下したりした。	・赤と黄色と緑色を食べる。 ・栄養バランス ・ごはんvsパン

成果と改善点

△ほとんどの児童の記載量が増加し，変容が見られた。題材初発の感想では，32人中15人が1行程度の内容しか書くことができなかったのが，題材終末の感想ではほとんどの児童で大幅に記載量が増加した。上記の基準で評価したところ，Aが35％，Bが58％，Cが7％と初めての実践としてはよい成果が見られたと思う。

△終末の感想で自己評価を◎または○とした児童が86％に達した。「健康的な食生活」への関心が高まったと思う児童がほとんどであった。これは，毎回の学習において，自分の食生活を調べたり，思い起こしたりしたこと，家庭実践する時間を設けたことに加え，毎時間「健康的な食生活」に関するふり返り（感想）を記入したことが主な要因であると思われる。

▼キーワードに学習内容を結びつけることが難しい児童が数名いた。ほとんどの児童の記載内容の質が向上するなかで，記載量が減少したり，内容の質が低下したりする児童が若干名見られた。これらの児童は，『関心・意欲』が育たなかったというより，キーワードである「健康的な食生活」に学習内容を結びつけることが難しかったようである。学習の流れと，児童に分かりやすいキーワードの設定のしかたを再考する必要がある。

○キーワードの設定や自己評価に課題を残したものの，感想記載活動から家庭生活に関する『関心・意欲』の高まりを読み取ることができた。小学校においても「題材初発の感想」と「題材終末の感想」を評価の資料とすることができると思われる。

★ コメント ★

○小学校家庭科でも育て育った姿を評価する方式が活用できることが分かります。

○キーワードは，小学校の生活実感に近く，児童の気持ちにフィットするものを選ぶことが大事であることが分かったことは大きな成果です。

ケース2 「授業ごとの感想」を有効に活用する工夫

題材の概要
- 題材名：自分らしい着方を考えよう
- 学　年：第1学年
- 時間数：11時間
- 軸となるキーワード：「衣生活」

目標・ねらい
洗濯やアイロンかけなどもほとんど親任せの生徒が多いなか，制服や体操着など身近な衣服はどのように手入れをしていけば卒業まできれいに着こなすことができるのか，衣服の選び方や手入れ，補修について体験的な内容も取り入れながら学習したいと考えた。日常着をより快適に着用していく方法，自分で手入れや補修をすることの大切さにも気づかせたい。

学習項目	学習内容	働きかけ
1. 衣服の働きを考えよう 〔2時間〕	・TPOに合わせた衣服の着用について考える。 ・自分らしい着方を考える。	「この服は何のために着るの？」「結婚式や葬式では衣服の色で何を表しているのだろう？」〈季節ごとの衣服（実物見本）〉 「自分の好きな色はほんとうに似合う色かどうか，友達に見てもらおう。」〈色布（紙），できるだけ多く〉
2. 衣服を選ぼう 〔2時間〕	・既製服の選び方を考える。 ・既製服の表示を見て，適切な選択ができるようにする。 ・日常着に使われている繊維の性質を知る。	「服を買うときは，どんなことに気をつけたらいい？」「見た目だけで選んで大丈夫かな？」 「衣服についている表示は何を表しているの？」「サイズが同じ服でも書いてあることが違うのはなぜだろう？」〈既製服とその組成表示・取扱い絵表示のコピー〉 「既製服の表示を見るだけで，繊維の種類や手入れ方法まで簡単に分かるね。」 「糸や布って，どのようにしてつくられているのだろう？」〈毛糸や布，拡大鏡（または拡大写真）〉
3. 衣服の手入れと補修をしよう 〔4時間〕	・洗剤の働きや衣服の手入れ方法を知る。 ・自分らしい着こなしをするために，手入れの実践をする。（アイロンかけ・しみぬき） ・衣服の収納と保管の方法を考える。	「この洗剤はどんなときに使うの？」「制服とワイシャツを洗うときは同じ洗剤でいいのな？」〈複数の洗剤〉 「洗剤を多く使うほど汚れはよく落ちるのかな？試してみよう。」〈実験の準備〉 「自分でやってみて，分からなかったこと，もっと知りたいことは何？」 「プロのきれいに仕上げるコツを学ぼう。」〈クリーニング店の技能士の方（または，アイロンかけのビデオ）〉
4. 衣服の収納と再利用について考えよう 〔3時間〕	・手持ちの衣服の活用方法を考える。 ・よりよい衣生活を送ることができるように「衣生活」の学習をふり返り，自分の課題をまとめる。	「衣服を取り出しやすくするために，見やすいしまい方を工夫してみよう。」〈間取り，家具の配置を示す資料，ビデオ〉 「着なくなった衣服はどうしている？」〈再利用した作品例〉

ワークシートへの記載例

《題材初発の感想》

さいほう　はり　衣　ぬい
もの切る　学校　服
気温　夏　冬　衣がえ

→

《題材終末の感想》

衣服は短い(くらべて)大切なものだということが分かった。夏や冬、気温や場所によって服の素材をかえたりして、気持ちよくすごしたり、素材によって、熱さ効果や洗たくの仕方がちがうので、扱い方が難かそうな衣服の事だけでも、洗たく、しみ、しわ、サイズ、アイロンかけとか色々問題点があるけど、そういう問題を前よりも少し解決できるようになれてよかった。

評価の読み取り方

	評価基準	記述例
A	記載量が増加し、衣生活について家庭生活の向上と結びつけて考えられるなど、前向きな姿勢が見られる。	・今までは洗たくとか衣類のことはまかせっきりで、よくわからなかったけど、家の洗たくやアイロンかけをやろうと思った。 ・アイロンかけがよくわかって、家でアイロンかけをするのが楽しくなった。
B	記載量が増加し、衣生活に関する具体的な記述や学習の深まりが見られる。	・ワイシャツのアイロンのかけ方や、取り扱い絵表示の種類がたくさんあることがわかった。 ・洗剤には細かな種類があり、繊維によって使い分けたほうがいい。 ・アイロンをかけるときは「えり」からかけることがわかった。
C	初発の感想に比べて、記載量が減少したり、内容の質が低下したりした。	・衣服、衣がえ、アイロン、洗たく、洗剤 ＊このような感じで学習した知識をただ羅列し、初発の感想に比べて終末の感想の記載量が減少したもの

成果と改善点

△ほとんどの生徒の記載量が増加した。記載量の増加が見られればBとした。記載量が減少した生徒は28人中2人だけで、ほとんどの生徒の記載量が増加した。生活や家庭での実践と結びつけて記入されていたため、Aと評価した生徒も5人見られた。

△自己評価で好結果が得られた。◎と○をつけた生徒が28人中21人見られた。「授業ごとの感想」への記載活動を続けていくなかで、学習したことで自信をもっている生徒が多数見られた。

▼記載量が増加したが、内容の質の向上が見られない生徒がいた。Bと評価した生徒21人のうち、知識をただ羅列しているだけの生徒は9人。この生徒たちは自己評価を見ても関心が高い。活動に慣れ「題材終末の感想」の書き方が分かってくれば、内容の質も向上していくように感じられた。

▼Cと評価した生徒への支援について。Cと評価した生徒が2人見られた。残念ながら衣生活への『関心・意欲』の高まりが見えなかったため、授業中に働きかけを工夫するように心がけていきたい。

〈感想〉ワークシートの記載内容を見ると、授業ごとに"もっと知りたい""できるようになりたい"という言葉が増え、今まで知らなかったことへの「関心」や自分もやってみたいという「意欲・態度」が確実に高まっていった。学習を通して自分自身をふり返り、記載していくことの有効性を実感することができた。

★コメント★

○「授業ごとの感想」を資料として生かし「題材終末の感想」を記載することが大切であることが分かる実践例です。

○授業ごとの働きかけを生徒の反応を見ながら工夫することができれば、より効果的な授業になると思われます。

ケース3　見る・触る・体験する 働きかけの工夫

題材の概要
- 題材名：衣服とのつき合い方をプロデュース
- 学　年：第2学年
- 時間数：14時間
- 軸となるキーワード：「衣服の材料」

目標・ねらい
- 衣服の材料に関心をもたせる。
- 適切な衣服とのつき合い方を考える力を育てる。
- 衣服を適切に選択し，手入れができる技能を身につけさせる。
- 衣服を適切に選択，活用，手入れをするために必要な知識を身につけさせる。

学習項目	学習内容	働きかけ
1. 衣服を知ろう （衣服の役割） 〔2時間〕	・衣服は何でできているかを調べる。私たちはなぜ衣服を着るのか，役割と意義を考える。	実物の衣服（制服等）から材料を探させる。「これは何？」「何でできているの？」<制服・ジャージ>
2. 衣服を選ぼう （適切な選択，サイズや取り扱い絵表示等） 〔2時間〕	・複数の見本やTシャツから，自分が着るという視点から選ぶ。選んだ理由を発表し，サイズ，色，デザイン，素材などさまざまな点からの選び方を考える。	実物のシャツを触らせ，試着させる。「触り心地は？」「着心地は？」ワイシャツと同じ布を触った感触から当てさせる問題を出す。「どんな違いがあった？」<Tシャツ（サイズ・デザイン・素材違いなど種類）・綿とポリエステルの混紡の布>
3. 衣服を買おう （消費生活の学習。通信販売による衣服購入時の注意） 〔2時間〕	・複数のカタログから，購入するセーターを選ぶという通信販売の疑似体験をする。通信販売で衣服を購入するときの注意事項を知る。	導入で原毛を触らせ，セーターの原料であることを知らせる。<原毛，擬似カタログ>
4. 衣服を着よう （TPO，個性を生かした着こなし） 〔2時間〕	・チラシ，広告，雑誌から，衣服の写真を切り抜いて，TPOに合わせた衣服の組み合わせをする。	TPOと素材のかかわりに気づかせるような話。「私が運動するときに着るTシャツは吸水性のある綿を選んだりしています。素材などを気にして服を選んだことはある？」<チラシ広告類>
5. 衣服を洗おう （手洗い，洗濯機による洗濯方法の注意） 〔2時間〕	・手洗いと洗濯機，クリーニングによる洗濯の違いを比較し，適した洗濯方法を考える。	3種類の布を，ぬらしたもの，乾かしたものと比較させる。「引っぱるとどう？」「見た目は何か変化がある？」「どうしてYシャツはこの布を使うのかなぁ。」<3種類の布（綿・ポリエステル・混紡）をぬらしたものと乾かしたもの>
6. 衣服を直そう （衣服の補修） 〔3時間〕	・衣服の"すそが落ちた"，"さけた"ときの補修方法を見た目のきれいさ，じょうぶさという視点から考え，実習し，考察する。	綿の布を使っての実習なので，綿の布の性質に気づかせるような言葉かけをする。「切れ端がほつれていくから補修は大変だね。」「縫いやすい？なぜ？」<実習用布>
7. 衣服と長くつき合おう （学習のまとめ） 〔1時間〕	・今までの学習をふり返る。	

ワークシートへの記載例

《題材初発の感想》
- 綿
- 麻
- ポリエステル
- 化学繊維
- 合成繊維
- 羊毛
- ボタン
- レース
- デニム

→

《題材終末の感想》
その材料のもつ性質によって洗い方が違う。直し方が違う。材料の一つ一つ、肌触りや風合いが違う。1枚の布でも「ポリエステルと綿」などのようにいろいろな種類の材料が混ぜ合わされてできているものもある。それぞれの材料はその服の用途や季節などに合わせ考えて加工されている。
Tシャツなどに使われている材料は「綿」「ポリエステル」が多い。糸はたくさんの糸を合わせてできているものである。

評価の読み取り方

	評価基準	記述例
A	授業で扱っていない布地等に関する記述、生活との結びつきや新たな疑問、概念の変化など	・夏服と冬服の違いは衣服の生地に関係していることが分かった。夏服は、素材が薄く乾きやすく、汗や水を吸い取りやすい。また、衣服全体が軽い。冬服は、素材が厚く、体を温め、風が入りにくくなっている。また、衣服全体が重い。 ・ふだん着ている服。それがどんな材料でできているのか、どんな手入れの仕方がいちばんいいのか、直し方など今まで気にしていなかった。分からなかったことが知れてよかった。なんとなくついていると思った取り扱い絵表示もある意味が初めて分かった。
B	授業で扱った材料等に関する性質や感想、授業内容とのかかわりについての記述など	・衣服と長く付き合っていくためには材料の特性を、取り扱い絵表示などで考えていくとよい。 ・1枚の衣服を作るにもたくさんの材料が必要。材料によって洗い方や特性が違う。

成果と改善点

△授業のねらいが整理され、授業の見通しがもてるようになった。初めてこの方法で行ったが、自分自身の今までの授業をふり返り、見直すよい機会となった。題材に対しての明確なねらいをしっかり考えたうえで毎時間の授業展開を考え、準備し、臨んだ。次に、教師がキーワードを決め、ねらいを整理したため、生徒へもこの時間で何を身につけて欲しいのかを説明できるようになった。そのことにより自信をもって授業ができ、「授業ごとの感想」に生徒が何を書いてくれるかが楽しみになった。

▼キーワードと働きかけの工夫が課題。ただ、「授業ごとの感想」が、衣類の材料に対する関心の蓄積ではなく、授業そのものの感想に終始していた生徒も多く、「題材終末の感想」の記載内容がぼけてしまった生徒も多かった。「授業ごとの感想」の記入についての言葉かけをもっと適切なものにする必要があると感じた。

　また、今回この学習内容に対して「衣服の材料」という"キーワード"は適切なものであったのかどうかの考察と、授業内での関心を引き出すような働きかけのさらなる工夫も課題である。

★コメント★
○学習活動と関連した「見る・触る・体験する感覚」の仕掛けから言葉かけをして授業ごとのふり返りをすると、情意が確実に膨らむことが分かった例です。
○キーワードの「衣服の材料」から生徒がねらいをイメージ化できれば完璧ですね。

ケース4 問いかけを工夫した実践

題材の概要
- 題材名：自分らしく清潔に着よう
- 学　年：第2学年
- 時間数：18時間
- 軸となるキーワード：「衣生活」

目標・ねらい

　中学生は，衣服の材料やつくられ方等を知っていることは少ない。洗濯や手入れ，補修も家族に依存していることが多い。そこで，衣服の目的に応じた着用や衣服の選択・管理等について学ばせる。だれもが共通に身につけるものを題材として取り入れながら，それらが身につくように目指した。

学習項目	学習内容	働きかけ
1. 学習の前に （衣服の役割） 〔2時間〕	・なぜ衣服を着ているのか，役割・意義について考える。	「衣服を見て職業が分かることはあるかな？」「七五三，登山，調理実習，スポーツ，お葬式等ではどういう服装をする？」 〈写真・絵本「裸の王様」〉
2. 日常着の活用 （自分らしい着方・衣服計画） 〔3時間〕	・どんな服を着ているのか考え，衣服の種類，季節に応じた物や色・柄・素材・種類等を知る。 ・手持ちの衣服の確認，購入時の配慮事項。	「涼しい着方は？」「暖かい着方は？」「暖かく感じる色は？」「アロハシャツの形は？」 「寝るときには何を着ている？」 「気に入った着方のイラストを描こう。」 「学校用の靴下は何足持っている？」 「衣服を買うときにどんなことに気をつける？考える？」 〈色画用紙・布地・写真〉
3. 品質表示 〔3時間〕	・自分が身につけている衣服の品質表示を調べ，組成表示・取り扱い絵表示・サイズ表示について知る。 ・適する洗剤等についても知る。	「品質表示ってどこについているのかな？」 「この表示は何を意味しているのかな？」 「何からできているのかな？」「どうやって洗濯をしている？」「それぞれの衣服の違いは何だろう？」「サイズは何かな？」「洗濯をして失敗した経験はない？」 〈学生服・体操着・ジャージ・下着・布・洗剤・漂白剤〉
4. 衣服の材料 （織物・繊維について） 〔4時間〕	・糸から布ができることを知り，折り紙で三原組織をつくる。 ・布地見本を見てそれぞれの特徴を考える（綿・麻・毛・絹・ポリエステル・ナイロン・アクリル）。	「布はどうやってできているのかな？」「まねしてつくってみよう。」 「見た目・手ざわりはどうかな？」「何からできるのかな？」「綿で何がつくれるかな？毛は？絹は？…」「織り方，糸と糸のすき間，透かして見てごらん。」「すき間があるということは風の通りは？」 「体操着は綿の割合が多かったね。ジャージはポリエステルの割合が多かったね。なぜかな？」「肌に直接触れるのは？」「ジャージにアイロンをかけるかな？」 〈折り紙・掲示資料・織物標本・布地見本〉
5. 衣服の手入れと補修	・ハンカチ・ワイシャツのアイロンがけをし，よりよい方法を体得する。	「ワイシャツはどういう順序でアイロンをかけるといいかな？」 「どうやってかけるといいかな？」「スナップ・カギホックはどこについているかな？」「ボタンがとれたらどうする？」「スカートやズボンの裾がほつれたらどうする？」 「針の向き，針先の長さはどうかな？」「糸はどれがいいかな？」 〈アイロン・ハンカチ・ワイシャツ・ブラウス・布・糸・針・ボタン〉
6. 学習のまとめ 〔5,6で6時間〕	・かがり縫い・なみ縫い・まつり縫い，ボタン・スナップ・カギホック付けの方法を体得し，実際の応用箇所を知る。	

ワークシートへの記載例

《題材初発の感想》
- 着がえる
- 寒さから、しのぐためのもの
- 身をおおうもの
- 外へ着て行く

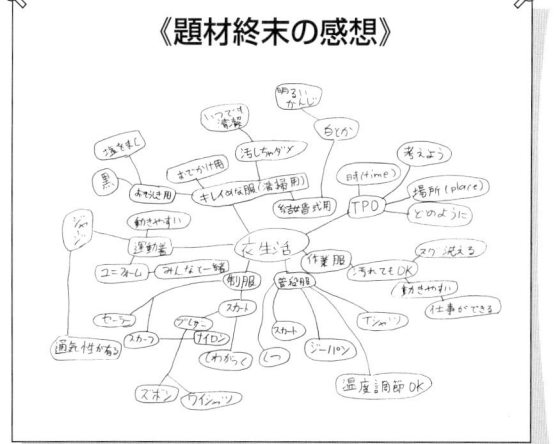

→

《題材終末の感想》
（衣生活に関するウェビングマップ）

育ちの読み取りと評価の観点

Aと判定した記載例は、初発の記載では「服・着替える」などの抽象的な表現だったが、終末では「TPOや衣服の役割・布の性質・手入れ」などへの広がりや「自然と取り扱い絵表示を見るようになった」などの実践的態度の高まりや深まりが感じられる記載に変わったもの。

Bと判定した記載例は、初発の記載よりも量的に増えたが、質的な生活に活かしていくという記載が少なかった場合。

Cと判定した記載例は、「実は、衣生活にはいろいろな意味があることに関心がもてたから」など、初発の記載よりも量的・質的に変化がないか減少した場合で「とくに関心をもっていないし、好きにもなれなかった」など。

成果と改善点

"学習をはじめる前に"という初発の記載をさせることにより、期待感と興味を喚起することができ、終末では育ちの読み取りができた。

授業ごとのふり返りを行うことによって、あまり意識していなかった「衣生活」について関心をもつようになった。授業の流れやポイントも教師、生徒ともにつかみやすくなった。

身の周りのとくに身につけているものに目を向けさせることができた。

「授業ごと感想」の問いかけで"わかったこと・できるようになったこと"としたために「知識・理解」や「生活の技能」の記述になったのは大きな反省点である。『関心・意欲』を育てるためには"感じたこと・気づいたこと・思ったこと"という問いかけがふさわしいことが、実際に生徒に書かせてから痛感した。今後は"感じたこと"などを中心に記載させたい。

「衣生活」という言葉をキーワードに衣生活全般（長いスパン）についての関心をもたせるように考えたが、一つの細かい内容ごと（短いスパン）にキーワードを設けて進めていく方法もよいのではないかと思う。

★コメント★

○問いかけは「感じたこと，気づいたこと，思ったこと」にして，知識・理解や技能と区別することが大切であることが分かった例です。

○「育て育った姿」を評価するだけでなく，生活への関心に目を向けるようになることに結びつくこととも示されています。

ケース5

実物の観察などから働きかける工夫

題材の概要
- 題材名：食品の選び方を考えよう
- 学　年：第1学年
- 時間数：4時間
- 軸となるキーワード：「食品の選択」

目標・ねらい
- 食品の品質を見分け，用途に応じて適切に選択することができること。
- 食品を選ぶ観点には，目的，栄養，価格，調理の能率，環境への影響などがあることを理解する。
- 生鮮食品と加工食品について知ること。
- 生鮮食品では，鮮度，品質，衛生，有機農法などの観点があること。加工食品については品質表示から，消費期限や品質保持期限，原材料，食品添加物等について知り，選択の観点となることが考えられるようにする。

学習項目	学習内容	働きかけ
1. 導入（生鮮食品と加工食品）〔1時間〕 食品を選ぶときに何を基準にするのか考える。	・班ごとに発表する。	「食品を選ぶときにどんなことに気をつけて買い物しているだろうか？」
生鮮食品と加工食品 手づくりと調理済みについて	・食品には，生鮮食品と加工食品があることを知る。 ・サラダは，つくって食べるか，調理済みの食品を買うか考え，理由も合わせて発表する。	「生鮮食品と加工食品，それぞれどんなことに気をつけて購入すればよいだろうか？」
生鮮食品について	・生鮮食品を選ぶ観点を考え，ワークシートに記入する。 ・鮮度の違うキュウリ，添加物の入っているハムと無添加のハムの実物を見比べ観察し，選ぶときの観点を考え，班ごとに発表する。	「値段や時間によって選び方が変わるね。」 鮮度，季節，価格，栄養価，有機農法について押さえる。 「古いキュウリと新しいキュウリを比べてみよう。」 「添加物の入っているハムと無添加のハムを比べてみよう。」
2. 実習〔2時間〕 キュウリとハムのサラダの実習	・実習を通し，キュウリの切り方を学ぶ。 ・ドレッシングは手づくりと加工食品を比較し，味わう。	「ドレッシングを手づくりしてみよう。」 〈ドレッシング市販品・切り方プリント〉
3. 品質表示のまとめと食品添加物〔1時間〕 前時のハムの品質表示を調べる。	・前時のハムの品質表示を調べ，何が分かるかを記入する。 ・消費期限と賞味期限の違いや付いているマークについて，何が分かるかなどを調べる。	「品質の表示を見て，食品を選ぶとき，何を一番に考えるだろうか。」 〈ハムの品質表示〉
食品添加物のビデオ視聴をする。 食品を選ぶときに何を基準にするのか考える。	・食品添加物についてビデオを見て添加物を使用する目的や用途を知る。	「食品添加物が入っているものを買うときに気をつけたいことはあるだろうか。」 〈食品添加物のビデオ，添加物の記事のプリント〉

ワークシートへの記載例

《題材初発の感想》
- ○賞味期限　○鮮度　○値段
- ○色、つや、みため　○腐っていないか
- ○外国産か国内産か　○かたさ
- ○アレルギーのエビが入っていないか
- ○虫が付いていないか　○体に良い物か
- ○夕食だったら朝食や昼食で摂れなかった物を選ぶ。
- ○なに製菓か（会社）
- ○6群の栄養のバランスを考えて
- ○賞味期限が新しい物
- ○見て、さわった感じ
- ○自分の好きな物、食べたい物。
- ○ともかく安くておいしい物

→

《題材終末の感想》
- ・生鮮食品では鮮度がよいものを選ぶ。特にキュウリはイボがとんがっていて、みずみずしい物が味も良い。買ったら早い内に使い切るようにする。加工食品の中には、たくさん食品添加物の入っている物や、なるべく添加物を減らそうとしている物があるので、品質表示を見て選ぶようにする。
- ・賞味期限を必ず見る。これからは食品添加物が少ない物を表示を見て買うようにする。

育ちの読み取りと評価の観点

「題材初発の感想」では選択の観点を箇条書きに答える生徒が多かったが、「題材終末の感想」では、食品を選択する観点がさまざまあることが分かり、生活に生かしていこうとする姿勢を感じる表記が多く見られた。また、単語から文章で表現する生徒が多くなった。

	評価基準	記述例
B	・身近な食品の品質を見分け、食品を目的や用途に応じ、栄養や価格、調理の能率やし好、環境への影響などの諸条件も考慮して適切に選択しようとしている。 ・加工食品の種類や表示・マークについて意欲的に調べ、利点や問題点なども考慮して食品を選ぼうとしている。	・食品の選び方にはいろいろあることがわかりました。栄養のバランスを考えて食事を考えたりするのも、ある意味では食品の選択ですが、食品を購入するときには品質表示を確認して、賞味期限や添加物の有無などを確認して購入することが大切だと思いました。 ・野菜は持ってみて重いか、キズが付いていないか、よく見てから購入する。旬のものを選ぶようにする。
A	・Bに加え、自分の行動のなかで、学習を生活に生かしていこうとする姿勢が感じられる。	・どんな料理に何を使うかを考え、食品を選ぶことが大切だと思う。生鮮食品を使うか加工食品を使うかでは、時間があるか、めんどうくさいか、価格や味付けはどうかなどを考える。 ・ドレッシングは市販品がおいしくて早くできて便利だった。何でも手作りが良いとは限らない。よく考えてそのときに応じて選ぶことが大切だと思った。 ・時間があれば、つくる技術を身に付けて、なるべく生鮮食品を利用していこうと思う。添加物は控えたい。

成果と改善点

食品の選択に関して、表示の実物を見、比較しながらの授業で関心も高かった。古いキュウリと新鮮なキュウリを同じように千切りにすると、古い物は苦みが出ておいしくないと、実物を比較することで選択の観点がはっきりしてくるようすだった。

手づくりか市販品かは、サラダそのものでも、ポテトサラダやマカロニサラダなど手間のかかるものは市販品を購入している傾向にあり、野菜量は少なく、ビタミンが不足しやすい。教師から栄養価の表示等の工夫があれば、さらに深まり、生活に生かす課題も明らかになって、情意の深まりが期待できる授業になったかもしれない。「題材終末の感想」も、多くの生徒がたくさんの文章の記入をしていた。

★コメント★

- ○「関心・意欲・態度」の視点をおくと、授業への参加意欲が増すことが示されています。
- ○直接触れる働きかけが、情意形成にも他の観点にも有効であることがよく表れている実践だと思います。

ケース6 「授業ごとの感想」からの読み取り

題材の概要
- 題材名：世界でたったひとつのおもちゃ製作
- 学　年：第3学年
- 時間数：6時間
- 軸となるキーワード：「幼児とおもちゃ」

目標・ねらい
- おもちゃ製作を通して，幼児への興味・関心を高めさせ，幼児を身近な存在としてとらえられるようにする。
- おもちゃを通して，幼児はいろいろな能力を身につけ成長していくことに気づかせ，そのことを考えておもちゃ製作ができるようにする。
- 製作を通して，幼児の発達についても理解を深めさせたい。

学習項目	学習内容	働きかけ
1. おもちゃの構想 〔1時間〕	・先輩が製作したおもちゃを見る。 ・おもちゃの製作条件を確認する。 ・どのようなおもちゃが製作できるか考える。	「幼児にとってのおもちゃは中学生の何に変わるものだろうか。」 「小さいころ，好きだったおもちゃを思い出してみよう。」 〈牛乳パック（各種）・製作したおもちゃなど〉
	「授業ごとの感想」	先輩のおもちゃを見て，牛乳パックだけでも，たくさんのおもちゃがつくれると思った。日ごろから小さい子を観察しようと思いました。
2. 遊びの意義 〔1時間〕	・幼稚園児のビデオから，幼児の活動を観察する。 ・幼児は遊びを通して，いろいろな能力が育つことを知る。	「幼児の身体の大きさや動きをよく見て製作に役立てよう。」 「遊びからいろいろなことを学び成長していくことが分かり，その役割となるおもちゃについても考えよう。」
	「授業ごとの感想」	小さいころ，よく公園に連れて行かれました。それは社会性を身につけるためだったと思いました。社会性が育つおもちゃをつくりたい。 〈幼稚園児との交流ビデオ〉
3. おもちゃ製作に向けて 〔1時間〕	・製作に向けての手順と製作のポイントを知る。 ・製作計画を立てる。	「幼児が喜ぶ，そのおもちゃを使うことでどのような能力が育つか考えよう。」 「2時間で製作が完成するよう計画を立てよう。」
	「授業ごとの感想」	おもちゃをつくるとき，ある程度幼児の興味について知らないと，製作したおもちゃで幼児は楽しんで遊べないと思った。
4. おもちゃ製作 Ⅰ・Ⅱ 〔2時間〕	・おもちゃを製作する。 ＊色，形，遊び方，対象年齢等を考える。	「幼児の立場に立ち，製作を心がけよう。」 「幼児が喜ぶおもちゃになっていますか。」 「幼いころを思い出しながら製作していますか。」
	「授業ごとの感想」	製作Ⅰ：前の授業で，単純で変化のあるものが好きだと言ったけど，いざつくってみると難しい。改めて幼児と僕らの違いを思った。 製作Ⅱ：つくっていると幼児のことを忘れてしまうので，常に意識してつくるようにした。　〈牛乳パック・マジック・フェルト〉
5. おもちゃ製作を終えて（相互評価から学ぶ）〔1時間〕	・相互評価を行いながらおもちゃの意義を再確認する。 ・これからクラス全体で製作するおもちゃを選出することを意識する。	「みんなのつくったおもちゃはどのような能力が育つおもちゃでしょうか。」 「2時間で製作でき，幼稚園訪問でプレゼントして喜ばれるおもちゃはどれでしょう。」
	「授業ごとの感想」	相互評価Ⅰ：たくさんのおもちゃを見ましたが，どれも幼児が分かりやすいように色や形を工夫してあり驚きました。Ⅱ：幼児のことがだんだん分からなくなってきた。親戚の幼児を見ようと思った。　〈製作したおもちゃ〉

ワークシートへの記載例

《題材初発の感想》

遊ぶ
投げる
飲み込む
ミニカー
ちらかす

→

《題材終末の感想》

おもちゃは幼児（人間）を作るすばらしいもの（社会性，知能，情緒等が育つことが分かった）。対象年齢が違うだけで，おもちゃの性質，遊び方，形が変わる。難しく工夫しすぎたおもちゃよりシンプルで，なおかつ動きがあり，安全なものがいいということが分かった。

評価の読み取り方

	評価基準	記述例	
A	学びを生活に取り入れている。製作をよりよいものにするために，生活に目を向けている。実生活のなかで幼児をとらえようとしている記述が見られる。	〈題材初発〉積み木，ブロック等のおもちゃの種類の羅列ごっこ遊びが好き，よく走り回る，ものを取り合ってけんかになる。	〈題材終末〉幼児にとっておもちゃとは，なくてはならないものと思います。幼児はおもちゃを使っていろんなことが学べるからです。それにおもちゃを通して友達との関係も深まると思うからです。だから幼児には年齢にあったおもちゃが必要だと思います。幼児にとっておもちゃは勉強道具なんだと思います。
B	知識としての増加（幼児とおもちゃの結びつき，遊びの意義等）授業で学習したことの記述が見られる。		

成果と改善点

第3学年が隔週での授業のため，授業の導入部分で前時の学習内容のふり返りに時間を割いた。「題材初発の感想」への記入に続き，「授業ごとの感想」を記入することで，学習内容の定着を図ることができた。生徒は，「授業ごとの感想」に記入することで，学習内容を常に意識しながら取り組むようになり，毎時間ごとの「授業ごとの感想」からも，関心の深まりが読み取れるなど，授業内容も濃いものとなったように思われる。幼児は今の生徒にとって身近な存在ではなく，実生活に学びを生かせるかと思ったが，終末の記述から多くの変容が見られ，成果を感じることができた。

初発の問いを「幼児とおもちゃ」としたが，「幼児のおもちゃ」ととらえるようだったので，授業内で「おもちゃと幼児」と言い直した。初発の問いかけは，今後の学習内容にも大きく影響するので重要であり，よりよい問いかけとなるよう検討することが重要であると考えた。

また，「授業ごとの感想」に「気づいたこと，分かったこと，感じたこと」と記載したが，「分かったこと」となると「知識・理解」の記述になることが分かり，途中から「気づいたこと，感じたこと，思ったこと」と変更した。

★コメント★

○働きかけが記載内容にどう結びつくかを示した例で，学習内容に対応した働きかけをどうするかを考える参考になりますね。

○育て育った姿を評価するだけでなく，「授業ごとの感想」が授業内容を濃厚にしていくことに結びつくことを示しています。

ケース7 ロングスパンで働きかけを工夫する実践

題材の概要
- 題材名：わたしたちの食生活
- 学　年：第1学年
- 時間数：26時間
- 軸となるキーワード：「よい食生活」

目標・ねらい
　成長期にある中学生の時期に食生活について基礎的な知識を理解し，よい食習慣を身につけることは，将来にわたって健康な生活を送るための基盤になると考えた。そこで，実際の食生活の場面を思い浮かべながら，自分の食生活に関心をもち，課題をもってよりよくしていこうとする意欲や態度を育て，高めることを大きな目標とした。

学習項目	学習内容	働きかけ
1. 自分の食事をふり返ろう〔1時間〕	・食事の役割を話し合う。 ・いくつかの食事パターンを見て，自分の食事との共通点を考える。 ・自分の課題を把握する。	◎「何のために食事をするのだろう。」 「自分の課題が分かっていても直せないのはなぜなんだろう。」
2. 食品を特徴（栄養素）ごとに分類しよう〔2時間〕	・食品を特徴ごとに分類する。 ・栄養素を示し，分類し，グループに割り当てる。 ・答え合わせをしながら栄養素の働きを知る。	◎「なぜその特徴（5〜6個）を考えたのだろう。」〈食品モデル〉 「考えた特徴がどの栄養素と一致しただろうか。」〈栄養素のまとめプリント〉
3. 栄養素のは働きを知ろう〔1時間〕	・栄養素の働きをまとめる。	
4. 食品を組みあわせてみよう（何を，どのくらい食べたらよいのだろう）〔2時間〕	・食品を組み合わせて簡単な献立を考える。 ・考えた献立から食品群ごとの摂取目安量を推測する。 ・摂取目安量を知る。	◎「組み合わせるときに考えたことはどんなことだろう。」〈2〜3の組み合わせ例〉 「食品ができるまでを知って感じたことを書いてみよう。」〈野菜と冷凍食品の流通例〉
5. 食品の選び方を考えよう〔2時間〕	・生鮮食品や加工食品の見分け方を考え，知る。 ・食品の表示やマークについて知る。 ・食品添加物について実験を通して生活につなげて考える。	「実験を通して感じたことを書いてみよう。」〈食用タール色素と亜硝酸ナトリウムの実験〉
6. 食事づくりに挑戦しよう〔2時間〕	・調理実習の流れと手順を知り，注意事項を確認する。	「"調理実習全体"の自分の目標を立てよう。」〈テスト形式にして意欲をもたせる。〉
7. 調理実習〔14時間〕	①包丁名人になろう（りんごの皮むきテスト）。 ②魚の調理（鰯のつみれ汁）（1尾，魚を手開きにする実習） ③野菜の調理（野菜スープ） ④肉の調理（ハンバーグステーキ）（付け合わせを考える実習）	◎「魚の命をもらうということについて考えをまとめよう。」〈食物連鎖「つながり」の学習を通して〉 ◎「自分たちのオリジナルを考えよう。」〈料理の自由な組み合わせの学習を通して〉
8. よりよい食生活を目指して〔1時間〕	・自分の食生活の課題や環境へ影響等を考える。	◎「環境に与える影響について感じたことは？」〈環境問題を示したデータ〉
9. 食生活の課題と改善策を考える〔1時間〕	・多角的に課題をとらえ「実行シート」を作成する。（夏休みの課題としたり，2年次の授業につなげたりする）	「学習を深めるために自由な発想で考えてみよう。」

ワークシートへの記載例

《題材初発の感想》
- 栄養のバランスのとれた食事
- 3食きちんと食べる
- 塩分や糖分のとりすぎに注意する
- 早食い，大食いをしない
- 好き嫌いをしない
- 1日30種類の食品を食べる
- 早寝早起きをする
- 家族みんなで食べる
- 決まった時間に食事をする
- 食べ残しをしたり，捨てたりしない

→

《題材終末の感想》
- 5大栄養素をきちんととる　　　　　　　（B）
- 食品群をバランスよく食べる　　　　　　（B）
- カロリーとかを気にして食べる　　　　　（B）
- 野菜や豆製品を食べる　　　　　　　　（B＋）
- 消費期限や表示などをきちんと見て買う
　　　　　　　　　　　　　　　　　　（B＋）
- 家族みんなで協力して健康な食生活について考え，仕事を分担していく　　　（A）
- 食品の残ったものが資源や環境の問題に大きな影響を与えることを知り，よい食生活とは自分の体のために食べるということだけではなく全体的なことだと思う　　　（A）

育ちの読み取りと評価の観点

　初発の発問では，思いつくままの知識を箇条書きにして書いている生徒が多かったが，毎時間の発問を繰り返し，知識や技能を高めたことにより，自分の食生活に対する課題を意識した感想になってきた。本題材では，キーワードを「よい食生活」，言葉かけを「自分の生活をふり返ることができているか」とし，B基準のめやすとした。

　さらに，自分の生活に生かそうとする態度や改善策を書いている生徒もあり，一般的な記述はB評価，より具体的なものや学習した内容を生かしたものはA評価とした。上記A判定の例は，「よい食事」をトータルとしてとらえ，学習内容を生活に生かそうとしている。実際には具体の実践（「野菜料理を毎食きちんと食べる」等）の併記もあった。

成果と改善点

　『関心・意欲』を育てる授業の工夫として，生徒に疑問を投げかける場面を多く設定した。調理実習では，班ごとに工夫したことを実際の作業に生かす場面を設定するなど『関心・意欲』を高めることができた。何より教師自身の授業に取り組む意欲が高まったことが大きな成果といえる。今後のさらなる工夫改善の必要性と意欲を感じている。

　本題材は時間数が多い事例である。長いスパンとなったが必ずしも一つのまとまりとしてとらえるのに適切な長さであったとは言い難く，あらかじめ育てたい「関心・意欲・態度」というテーマごとに適度な時数と内容の題材を考える必要性があったのではないかと感じている。そのなかで「関心・意欲・態度」を育て評価しやすい授業例と，それ以外の例があることが分かった。長いスパンでとらえることで「関心・意欲・態度」と，他の観点との関連が見えてきた。長いスパンでのとらえの効果とともに，評価の全体計画を立てたうえで各観点の計画を立てることが必要であると感じた。

　今回の題材は第1学年での実践ということもあり，食生活という一つの側面からの気づきや感想になっているが，この活動を積み上げることにより，第3学年の学習場面では，多くの学習経験とその発達段階から他の題材を意識しての情意面の高まりにつながるものと考え，さらに検討し研究に参加したいと思う。

★コメント★
- 『関心・意欲』を育てやすい活動と育てにくい活動があることが分かったこと，他の3観点との関連を考えて評価の全体計画を立てる必要があると感じたことは，大きな収穫だと考えます。
- 第3学年ではどのように変容していくか，楽しみですね。

ケース8 ショートスパンで働きかけを工夫する実践

題材の概要
- 題材名：わたしたちの食生活
- 学　年：第1学年
- 時間数：26時間（本時　第22, 23時間目）
- 軸となるキーワード：「よい食生活」

目標・ねらい

ケース7（p.66-67）のロングスパン（26時間）のうち，22, 23時間目「自分たちのオリジナルを考えよう」における働きかけの工夫をショートスパンで示したものである。
本時を選択したのは，p.66の表中で「働きかけ」に◎印をつけた『関心・意欲』を育てやすい活動の一つだからである。

学習項目	学習内容（▲教師の支援）	働きかけ
1. 調理実習の計画への導入 （実習時の注意）〔5分〕		「ハンバーグに似た言葉や料理があるかな。」「ハンバーグって何か言おう。」〈ユッケやタルタルステーキなど〉
2. ハンバーグの語源を知ろう （ハンバーグ←ハンブルグ）	・語源を考える（ハンバーグ←ハンブルグ）。	「普段食べているハンバーグの材料を思い出そう。」〈写真＝いろいろなハンバーグ〉〈自分の好きなハンバーグを注釈入りで描かせる。〉
ハンバーグの材料の予想	・ハンバーグに使われている材料を思い浮かべる（材料の予想の発表）。 ▲ここでは自由な考えで，付け加える材料等を発表させてよい。	「手順を考えて発表してみよう。」〈自分で記入した手順表を見て発表させる。〉
ハンバーグの材料と分量	・材料表を見て確認する（材料と分量表への記入）。 ▲自分の思った材料や分量と合っていた点，違っていた点を考えながら記入してみよう。	「どこがよいのかな？」〈手順表に記入したよい点を発表させる。〉
つくり方の確認 〔以上25分〕	・ハンバーグのつくり方の確認（材料を切る・混ぜる・成形する・焼く）。	「どんな付け合わせが好きかな？」〈できあがり図を示して発表させる。〉
付け合わせの条件 〔20分〕	・条件を考える（たんぱく質以外の栄養素を摂取する色合いを考える）。	「栄養面と色合いの関係はどうかな？」〈例：「カロテンについて」を思い出させるか，説明させる。〉
3. 班での検討 〔5分・30分〕	・班で検討をする。 ・検討内容・手順を知る。 ・検討をする。 内容と手順 ①付け合わせを決める。選択した理由，つくり方も調べて記入する。 ②作業手順表（大まかに記入されたもの）をもとに細かい作業や役割分担を記入。 ③ハンバーグづくりの基礎知識を班ごとに考えて学習ノートに記入する。	「どの班が協力的にできているかようすを見るよ。」〈机間指導〉 「付け合わせは何でそれを選んだか，理由も考え記入しよう。」 塩の役割，パン粉や玉ねぎの役割，薄く伸ばして真ん中をへこます理由，はじめ表面を強火で焼く理由　等
4. 発表して答え合わせをする〔10分〕	・上記①②③の内容を発表し，答え合わせを行う。	
5. まとめ〔5分〕	・次時の連絡を聞く。	

ワークシートへの記載例

《授業ごとの感想》

学習活動内容	授業について気づいたことや感想を書いてみよう
自分の食事を振り返ろう	好き嫌いが多くていけないと思った
食品を特徴（栄養素）ごとに分類しよう	自分で特徴を考えたのが難しかったけど楽しかった
栄養素のはたらきを知ろう	いろいろな栄養素があることが分かった
食品を組み合わせてみよう	栄養や色合い合う料理を考えて合わせた
食品の選び方を考えよう	マークや表示を見ようと思った
食事作りに挑戦しよう	安全に気をつけて調理をしようと思った
調理実習①（包丁名人）	とても緊張した 家でもっと包丁を持とうと思った
調理実習②（魚の調理）	魚や植物の命をもらって生きているので感謝しなくてはいけないと思った

《題材終末の感想》

○自分が考えたアレンジをみんながつくってくれてうれしかった。味はまあまあだったけどもっと工夫したい。
○調理にはたくさんの手順があると思った。手順よく作業したいと思った。
○片付けながら作業ができてよかった。
○ゴミを少なくする工夫ができるとよいと思った。
○家では付け合わせを変えてつくってみようと思った。

育ちの読み取りと評価の観点

「授業ごとの感想」の気づきや感想の欄に，それまでに学んだことを広くとらえた記述や授業目的を的確にとらえた記述ができている生徒が，終末での変容（深まり）が大きかった。

知識・理解中心の授業では「気づいた点・感じた点」という言葉かけをしても知識として得た事柄を書く生徒が多かった。このことを受け，「気づいた点・感じた点」を学んだ知識ではなく思いとして書いた生徒が多かった授業の働きかけに◎をつけ，「関心・意欲・態度」を育てやすく見取りやすい授業例とした。

「授業ごとの感想」の記述で『関心・意欲』を評価する際は，授業の目的によって観点は変わるものの，「自らの生活のふり返り」が見られた場合か，①自分たちのオリジナルについて感じたことが書けているか，②実習を複数回繰り返していることで感じたことが書けているか，をB基準の目安とした。さらに，「それを生かそうとする態度」が見られた場合，③家庭での実践意欲と工夫する態度が示されているか，をA評価の基準とした。

成果と改善点

『関心・意欲』を高める授業の工夫として，班ごとに付け合わせの工夫をするという設定にした。工夫したことを実際に生かす場面では関心の高まりとともに，「工夫し創造」の高まりにもつながった。しかし，『関心・意欲』の評価としたところから「工夫し創造」との差が分かりにくくなってしまった。

育ちの読み取りは，4時間扱いの1つの調理実習のなかでは，大きな変容が表れなかった。ただし，調理実習①～④までの4回の実施後には，「調理技術を家庭で生かそうとする気持ち」や「環境への影響を意識するようになった気持ち」「食物は他の生命であり，それをいただくことへの感謝の気持ち」など，「関心・意欲・態度」の育ちを見取ることができた。本実践以前は，きれいごとやよい答えを書く生徒が多かったが，知識・理解が十分な生徒でも自分の生活に生かすという気持ちで受け止めないと，自分の言葉になっていないということを少しずつ感じている。

『関心・意欲』を高め，態度形成に至るに適した時間数の指導計画があるように感じられたので，キーワードを設定したうえで指導計画を立てることが大切であると思う。

★コメント★

○ショートスパンで「工夫し創造」の到達に向けた活動と連動させながら『関心・意欲』を育てる工夫をしています。
○「工夫し創造」と『関心・意欲』の差は，情意面での変化が記述に表れるかどうかです。「生活に生かす」「自分の言葉」など，両者を区別する観点はしっかり示されていると思います。

ケース9　書く時間を確保することの大切さ

題材の概要
- 題材名：材料に適した加工法
- 学　年：第1学年
- 時間数：5時間
- 軸となるキーワード：「ものづくりの加工法」

目標・ねらい
　この題材では，グループ内での自己の役割を果たすことで作品をつくり上げ，また，問題解決的な学習を通して達成感や自己有用感をもたせるようにしている。
　本題材は，自分の班の工具箱を製作することで，作業学習を通して製作経験を行うことを目的としている。主題材の前に，けがきの方法や製作に使う工具の扱いなどの基礎的・基本的な学習が身につくように配慮している。

授業の展開（1／5時間目）

〈5時間全体の流れ〉材料取りをしよう(1) → 部品を加工しよう(3) → 部品を組み立てよう(1)

学習項目	学習内容	働きかけ
1. 本時の学習内容を知る	・工具箱を製作する目的を理解する。	★初発の感想を記載する。 工具箱の完成品を見せて製作意欲を喚起する。 「この箱は何に使えるかな？」
2. 工具の使用方法を知る	・ビデオを見ながら，さしがねの使用法とのこぎりびきの方法を知る。	生徒に身近な用務員に出演してもらった作業方法についてのビデオを見せる。 「自分たちでもつくってみたい？」
3. 構想を話し合う	・各自の材料から1つの箱をつくるために班で検討する。	
4. 材料取りを行う	・各自の材料にさしがねを使ってけがきをする。 ・けがき線に沿って，のこぎりびきをする。	
5. 仮組み立てを行う	・各自の材料と底板を合わせ，仮組み立てをする。	
6. 班ごとに話し合いをする	・うまくいったこと，失敗したことの洗い出しをする。	話し合うことでもっと上手にやってみたいという気持ちを引き出す。 「何でうまくできたのか，あるいはできなかったのか，班で相談してみよう。」
7. 話し合った内容を発表する	・話し合った内容の班の代表による発表を行う。	
8. 感想用紙を記入する	・本時をふり返って感想用紙に記入。	★授業ごとのふり返りを記載する。

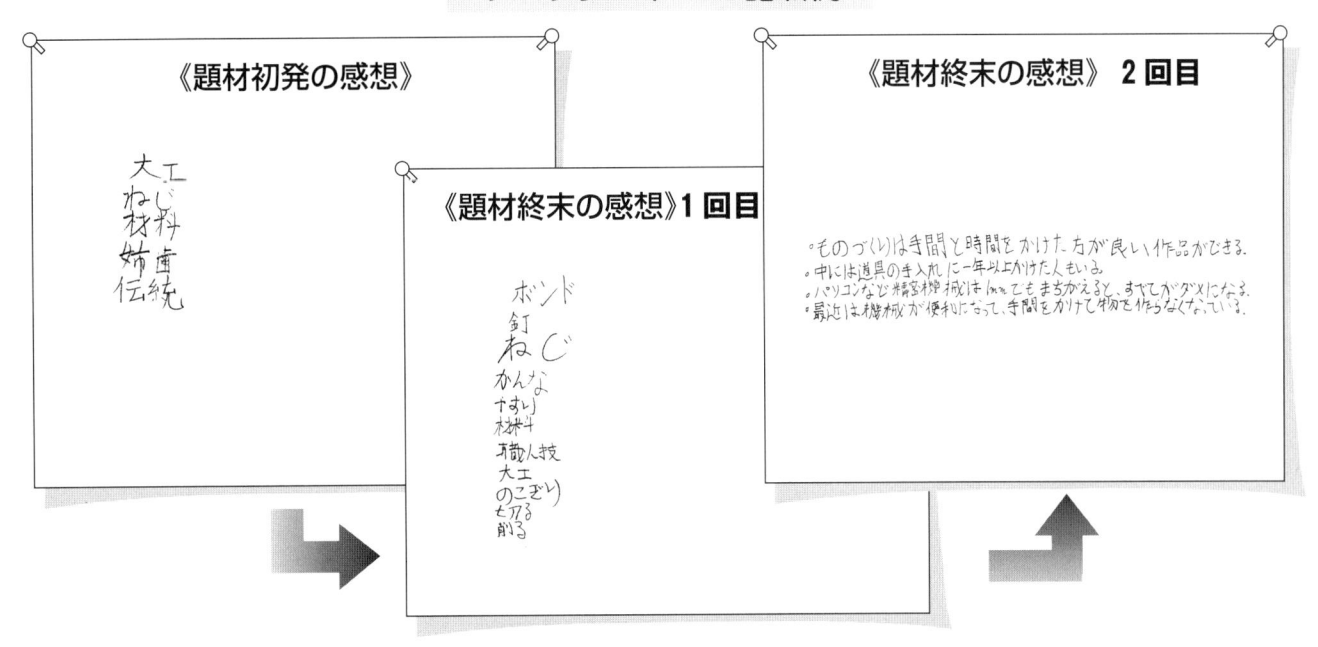

ワークシートへの記載例

《題材初発の感想》
大工
ねじ
材料
姉庫
伝統

《題材終末の感想》1回目
ボンド
釘
ねじ
かんな
やすり
材料
職人技
大工
のこぎり
切る
削る

《題材終末の感想》2回目
・ものづくりは手間と時間をかけた方が良い作品ができる。
・中には道具の手入れに一年以上かけた人もいる。
・パソコンなど精密機械は使ってもまちがえると、すぐダメになる。
・最近は機械が便利になって、手間をかけて物を作らなくなっている。

評価の読み取り方

	評価基準	記述例
A	記載量が増加し，加工法について家庭での実践と結びつけて考えられるなど，前向きな姿勢が見られる。	・のこぎりびきがうまくできたので，家でも飼っている犬のために小屋をつくってみたい。 ・初めはかんながうまくかけられなかったけれど，しっかり固定するとうまく削れたので，家でもっと大きな板を削ってみたい。
B	記載量が増加し，加工法に関する具体的な記述や学習の深まりが見られる。	・両刃ののこぎりは木を切るときに使う。 ・かんなで削るときれいになる。 ・やすりをかけたらまっすぐになった。
C	初発の感想に比べて，記載量が減少したり，内容の質が低下したりした。	・釘　・ねじ　・のこぎり　・削る ＊このように，ただ学んだ知識を並べたもの

成果と改善点

　生徒にどのように働きかけをすればよいのか分からなかったこともあり，初発の感想から終末の感想まで何の指示も説明もせずに行ってみた。その結果，記載活動に抵抗なく取り組むようすが見られたが，終末の感想では，残念ながら期待していた変容はあまり見られなかった。1年生の初期の段階のため「情意的な内容」までは考えていなかったが，「内容の質の向上」が見られた生徒も38人中16人であった。しかし，題材終末の自己評価では，「◎（カンペキ！バッチリ）」「○（まあまあ）」と答えた生徒が合わせて67％に上ることから，感想の書かせ方に問題があったのではないかと考えた。

　そこで3日後に，書きためた自分の感想を見ながら，落ち着いた環境のなかで終末の感想を書かせた。すると，今度は76％の生徒に「内容の質の向上」が見られた。2回目の感想でも「情意的な内容」を記載した生徒は見られなかったが，「学習の深まり」が見られた生徒が4人いた。

　実践で分かったことは，終末の感想では，書かせ方や言葉かけに気をつけたり，書くための時間をしっかり確保したりする必要があるということである。

★コメント★

○何の指示もせず自由に記載させることは，生徒にプレッシャーを与えない点で必要な配慮ですね。ただ，情意を膨らませるには，一つには，書く時間を確保する，二つには心情を刺激する言葉かけが必要であることがよく分かる例です。「学習の深まり」が見られたことも大きな収穫ですね。

ケース10 キーワード選びの失敗から学ぶ

題材の概要
- 題材名：情報犯罪防止啓発ポスターをつくろう
- 学　年：第2学年
- 時間数：7時間
- 軸となるキーワード：「情報モラル」

目標・ねらい
- 情報モラルに関心をもとう！
- コンピュータを適切に活用できるようになろう！
- アプリケーションソフトウェアを利用して情報の処理ができるようになろう！
- アプリケーションソフトウェアの使い方を説明できるようになろう！

学習項目	学習内容	働きかけ
1. 情報社会の光と影 〔1時間〕	・「情報犯罪」「情報モラル」と聞いて今思いつくことを書く。 ・基礎知識についてのビデオを見て、キーワードになる言葉をメモする。	生徒がインターネット検索のキーワードを見つけられるようにモラルに関する概略のビデオを視聴させる。
2. 情報犯罪防止啓発ポスターをつくろう 〔5時間〕	・ポスターのテーマを決める。 ・インターネットを利用してテーマに関することを調べる。 ・情報の信頼性について学ぶ。 ・ポスターの内容を考える。 ・ポスターをつくる。	インターネットのさまざまな情報から人ごとではないことを実感させる。「どうなってしまうの？」「どうすれば防げるかな？」 理由などを深く考えられるようにするための話。「なぜそういうことが起こるの？」「著作権は大丈夫？」
3. 情報モラルって何だろう 〔1時間〕	・コンピュータの特質を考える。 ・「情報モラル」と聞いて今思いつくことを書く。	コンピュータやインターネットの特質に気づくための話し合い。「それはコンピュータのどんな特徴が関係してくるの？」

ワークシートへの記載例

《題材初発の感想》

「情報犯罪」という言葉を聞いて、思いつくことを何でも書いてみよう！
> 個人情報を流出すること。ウィニーというパソコンソフトで、いろいろな情報を交換したりする犯罪があったとニュースで良く聞いた。

「情報モラル」という言葉を聞いて、思いつくことを何でも書いてみよう！
> 著作権などの問題

情報モラルという言葉が、生徒には一般的でないと考え、まず、情報犯罪について記述させた。その後、情報モラルってなんだろうを記述させた。

《題材終末の感想》

学習を終えて、「情報モラル」という言葉を聞いて、今、思いつくことを何でも書いてみよう！
> 人のデータをコピーして、自分のホームページなどで使ったりすると、コピーされた側はどう思うか考えること。これは、やっても平気だろう、これはやったらいけないなど判断をすること。パソコン等を通じて話したりすると、相手が見えない分、相手の事を考えて発言できない。ウイルスを送ったりする人も相手に会って渡すわけじゃないから気楽に送れちゃう。そんな時に必要なのが、情報モラルだと思う。

量的にも質的にも変容が見られ、情意面の内容も記述から読み取れる。

評価の読み取り方

題材初発の感想	題材終末の感想	評価	その評価とした理由
・情報を扱うときのルール・マナー・注意点などのこと。	・著作権などのきまりのこと。情報の扱い方。マナー。ルール。注意すること。扱うときに発生すること。自分がされて嫌なことはしない。著作権の違反。チェーンメール。ウィルス。嘘か本当か見抜く力をつけたい。だまされない	A	・記載量が増えている。学習内容にも向上が見られ、「つけたい」など情意面の記述も見られる。
・情報のきまり。偽物の情報を流さないことだと思う。情報をお金で売らないことだと思う。	・クリックしたら全く違ったサイトへとんだりするサイトをなくす。ウィルスを他人に回さない。その人から聞いた個人データなどその人のことは掲示板などに書き込み、他の人にばらさない。きめられたきまり・ルールを守る。インターネットショッピングなどで偽物を売らない（偽物なのに高く売らない）。	B	・記載量が増加し、内容面での向上も見られるが、情意面での記述が読み取れない。
・コンピュータによる犯罪。ネット詐欺。情報の偽造。インターネットのルール。	・インターネットやパソコンのルール。著作物の利用。偽情報などを載せない。	C	・量的にも質的にも向上が見られず、情意面の記述も見られない。

成果と改善点

△ ほとんどの生徒で記載量が増加した。

△ 題材初発と題材終末を同じ問いかけにすることで、"文章を書く力"を気にしないで評価できた。題材終末の感想のみから読み取ろうとすると、「"文章を書く力"が優れている生徒が有利」と考えたが、記述量の比較で評価できること、記述量の増加は『関心・意欲』が高まったことを示していると見なせることが分かった。

△ 教師の意図した働きかけで生徒の『関心・意欲』は育つ。働きかけのポイントを整理しきれず、成果の表れた生徒は少なかった。しかし、知識の羅列から情意面の記述に変化した生徒も見られ、生活を改善するための『関心・意欲』が明らかに高まった生徒もいた。

▼ 多くの生徒に情意面での記述は見られなかった。情報犯罪例の羅列に終始し、自身の生活改善に関する記述が見られない生徒が多い。

＜考えられる理由＞
・「情報とコンピュータ」の学習では、操作技術に関する個別指導に時間をとられ、心情を育てる言葉かけが不充分になってしまうと感じた。

〔改善策〕つまずきをあらかじめ予想し、プリントや配布物に「技能」「知識・理解」に関する情報をできるだけ記載する。授業中は、情意形成を意識した働きかけに集中できるようにし、生徒が常にキーワードである『情報モラルって何だろう？』を意識して学習活動ができるようにする必要性を感じた。

▼ チェーンメールやネット詐欺など具体的な内容は理解できていても、「情報モラル」まで広がらなかった。情報モラルは生徒にとって身近な言葉ではないことが分かった。

〔改善策〕キーワードをイメージしやすい言葉に変えるべきだと感じた。例えば、『コンピュータを安全に活用するとはどういうことだろう。』など。

▼ 「授業ごとの感想」を機能させることができていない。ネーミングのせいなのか、「知識」や「技能」の記述がほとんどで、情意面の記述は極めて少なかった。

〔改善策〕例えば、ここには「今日、え？と思ったこと」「今日、びっくりしたこと」「今日、感じたこと」など具体的に改善する必要がある。

★コメント★

○ 身近でない言葉がキーワードだと、生徒の心情を刺激するのが難しいことが分かる実践例です。

○ キーワードをより身近なものにしたり、関係する新聞記事を掲示するなど仕掛けを準備することで改善される場合があります。

ケース11 判定表を先に作成してから授業にのぞむ工夫

題材の概要
- 題材名：道具箱をつくろう
- 学　年：第1学年
- 時間数：14時間
- 軸となるキーワード：「材料」と「工具」。はじめての技術・家庭科なので，分かりやすい身近なキーワードを心がけた。キーワードを2つ設定して実践した。

目標・ねらい
- 木材の特徴について知る（2時間）
- 学校で使用するための道具箱の製作を通して，基本技能を習得する（12時間）

学習項目	学習内容	働きかけ
1. 初発 〔0.5時間〕	★「材料」と「工具」について，初発の感想を記入する	
2. 材料について 〔1.5時間〕	材料（木材）の名称や特徴について学習する。	導入で材料に関心をもたせる。 「みんなの家はどんな材料でできているのかな？」 材料の話をする場面では，木材の木目の見本を棚に置いておく。
3. 道具箱づくり 〔11時間〕	①けがき…材料に必要な線などをかく。 ②切断…材料を切断する。 ③部品加工…材料を整え，道具箱の取っ手をつくる。 ④組立て…道具箱の形に部品を接合する。 ⑤仕上げ…表面処理をして塗装をする。	授業ごとの導入の場面で道具のしくみに着目させる。「この前の授業では，のこぎりの刃が2種類あるのを不思議に思った人がいました。みんなはどう思いますか？」 ※「授業ごとの感想」の記述からピックアップして紹介する。 道具のしくみについて書かれた本をさりげなく置いておく。 木材に対する生徒の発見に対して「へー，材料って，こんな特徴があるんだ。」 授業中の雑談で未知の道具に興味をもたせる。 「この前お店に行ったら，こんな道具があったんだけど，どう使うと思う？」
4. 終末 〔1時間〕	・作品の自己評価を行う。 ・作業をふり返り，今後の作業に生かす。 ・「材料」と「工具」について，終末の感想を記入する。	

ワークシートへの記載例

《題材初発の感想》

《題材終末の感想》

《題材初発の感想》（表形式）

評価の読み取り方

　従来の実践では，題材終了後に生徒の記述を読み取る段階で判定表を作成していたが，本実践では授業を行う前に「判定表」を作成し，その判定表を用いて，ワークシートの記載の変容から読み取った。その比較を示す。

判定表作成前	判定表作成後
「関心・意欲・態度」を育てる視点がぶれ，授業中での雑談はキーワードと関係のない話が多かった。	雑談でも指導中でも，キーワードを意識してp.74「働きかけ」で述べたような働きかけをするようになった。
「関心・意欲・態度」は育てる学力であることは分かっていたが，生徒の状態の把握ができなかった。	「広がり」→「深まりや高まり」の順で育つことが分かり，生徒の今の状態がどの段階かを考えながら授業ができた。
ワークシートは作業の手順書のようなものであり，キーワードをほとんど意識しなかった。	ワークシートを作成するとき，キーワードを意識して生徒の成長に合わせた働きかけをちりばめることができた。

成果と改善点

　判定表を先に作成したほうが，より軸となるキーワードを意識した指導ができ，また，生徒の状態も把握しやすい。しかし，判定表での判定（いわゆるA～C）は，実践後，生徒の状態に合わせて変えたほうがよい場合もある。

　実践当初にうまくいかなかったのは，生徒にキーワードを意識させるよりも書かせる指導が先行してしまったこと。もう1つは，具体性に乏しいキーワードを設定してしまったからで，原因を解消するために生徒の記述は空欄でもよいと考えるようにしたり，生徒にとって日常的に口にする言葉をキーワードに設定したりした。

　次に，判定表を作成して自分のなかのキーワードをはっきりともち，まとめの1時間を設定した。まとめの1時間は実践当初はむだかと思ったが，まとめを通して生徒が自分の成長に驚いたり，楽しみにしているようすを見ると，非常に大切な時間であることが分かった。

　技術に関する生徒の関心に変化が見られたとき，授業への充実感を感じることができる。

★コメント★

○先に判定表を作成すると，到達させたい目標が念頭にあるので，学習活動で生徒の行動や反応に即した働きかけができるようになりますね。また働きかけが心情を膨らませるのに有効になってくるのです。

ケース12 途中からキーワードを加える工夫

題材の概要
- 題材名：机の上を整理できるのもをつくろう
- 学　年：第1学年
- 時間数：25時間
- 軸となるキーワード：「材料」→「材料と工具」

目標・ねらい
今まで授業の実践では，授業の感想と忘れ物などをＡＢＣで自己評価させてきた。題材に合ったものを製作した満足感を生徒は得られても，生活へ生かす真の『関心・意欲』を得られたのだろうか？　私自身，正直言って自信がなかった。「作業あって学びなし」ではなかったか。
真の「学び」とは何かを探るために，「キーワード」を決めワークシートを準備した。

※ここでは，9時間目までの実践を取り上げる。

学習項目	学習内容	働きかけ
1. オリエンテーション〔1時間〕		「技術・家庭科って何だろう？」 「3年間を見通そう。」
2. 生活に役立つ製品を調べよう〔1時間〕	・ものをつくる技術を見てみよう。 ・工夫されている技術を見てみよう。	「先生の作品に触れてみよう。」 「振り子時計に触れてみよう。」 「ものづくり度チェックをしよう。」 「身の回りの製品調べをしよう。」
3. 材料選びと加工のポイントを探ろう〔2時間〕	・材料の性質を調べるには。 ・材料を加工するには。	「○×クイズ30問・世界一重い木はどれだ。」＜木材サンプル＞ 「私は何歳？　年齢を数えてみよう。」
4. つくりたいものを考え，構想にまとめよう〔5時間〕	・機能を考えるには。 ・材料を選ぶには。 ・丈夫な構造にするには。	「これは何でしょう　伝言ゲーム。」 「正しい製図の書き方　作業工程を考えよう。」

ワークシートの分析

題材初発の感想（キーワード「材料」）

記載内容を分析すると，知っている単語の羅列が75％を占めた。知っている材料をあげるだけが精一杯のようすであった。あげられたもののなかには，材料とはいえないものもあった。しかし，じっくり考える時間をとることで，授業の内容が焦点化し，生徒一人ひとりのもつベクトルが同じ方向に向きかけた感じがした（あくまでも主観であるが……）。

《題材初発の感想》

木，プラスチック，鉄鋼，竹，アルミニウム，ダンボール，紙，ビニール，石，パイプ，針金，ブリキ，ガラス，くも，あじ，ノコギリ，げんのう，ドライバー，叩ル，はけ，はた金，万力，クランプ，ヤスリ，ハンダゴテ，ホットボンド，接着剤．

木材・金属・プラスチックなどの材料は，全て加工したりすると変化して，あまり変わらない物は減多に使わないのは変化が少なく主に使うのは変化して細かい部分に使うの（かざり？）はほとんど変化しないのかなって思いました。

授業ごとの感想（キーワード「材料」）

　発問は「題材初発」と同じである。ここでは，材料についての感覚的な感想，特質や疑問の表出が見られた。知っている単語だけの羅列の表出は30％と減少した。実験や演習の成果であると考えるが，学習外の内容の増加は見られなかった。

　材料と加工の仕方の学習に入ると，しだいに材料と工具の関係についての記述が増えてきた。ある生徒の記述には，2つの工具をイラストで描き，自ら抱いた疑問を付け加えるものが見られた。

キーワードの見直し

　ここで，キーワードに「工具」を加えて授業を進めることにした。理由は以下の通りである。
①学習時間に「工具」を必然的に使用することが多くなり，「材料」への多面的、多角的なアプローチの一つとして，「工具」と「材料」の関係を意識化させようと教師側でも意図した。
②安全への意識を「工具」というキーワードで掘り起こす必要があると考えたため。

題材終末の感想（キーワード「材料と工具」）

　記載量の増加，質の変化が見られた。また，キーワードを2つにしたことで相関を意識する記述が新たに表出した。また，授業外の内容までの概念の変化が見られてきた。工具の材質にまで考えを及ぼすという生徒の発想が私自身になかったため，考えの広がり，深まりを私自身，この分析から得ることができた。

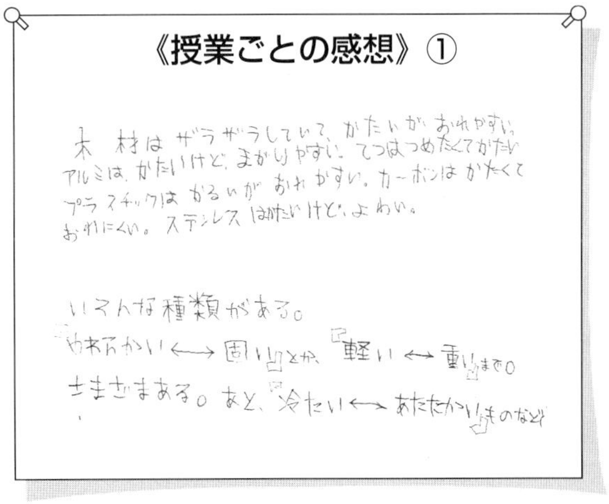

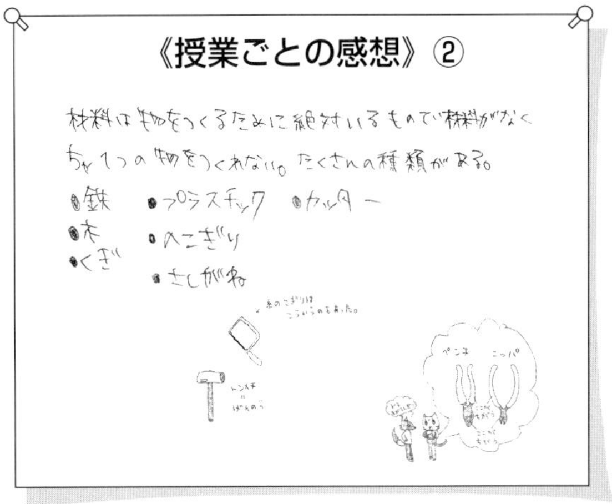

成果と改善点

△ 軸となるキーワードを意識して多用することが，そのまま「題材開発」となることを再認識した。「材料」というキーワードを設定することで，材料に関する授業の実験，実演の意図がより明確に生徒に伝わった。

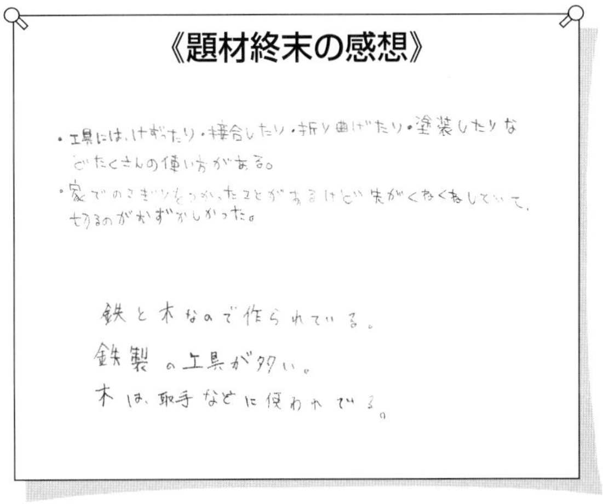

△ 指導者側の「キーワード」がしっかりしていることが大切であり，分かりやすい授業の重要な要素であることが分かった。生徒自身が「キーワード」を意識することでその授業のエキスをより摂取することができた。

△ 「書くこと」が自然に行える雰囲気が出てきた。「書かされる」感想ではなく，自ら「書く」感想に近づいた。

▼ 題材の授業の進度に応じて，「キーワード」を別の角度から見つめ直していく必要性がある。これまで生徒に感想や意見を書かせる際に，私自身の「キーワード」がぶれていた（具体性に欠けていた）ため生徒によるワークシートの記述が焦点化できていなかった。

▼ 生徒の実態に応じて，「キーワード」の再構築，再設定が必要になるのではないか。複数のキーワードの設定は，スパイラルな思考の高まり，深まりに有効ではないかと考える。

《授業ごとの感想》①

《授業ごとの感想》②

《題材終末の感想》

★コメント★

○キーワードが適切であるかどうかは，生徒の反応によって判断することができます。途中からキーワードを加えることで，働きかけをより有効なものにできることを示した実践例です。

ケース13 授業単位の記載活動からステップアップ

題材の概要
- 題材名：「学校行事からWebページを作成しよう」
- 学　年：第2学年
- 時間数：16時間
- 軸となったキーワード：「コンピュータってどんなもの」

目標・ねらい

現在，小学校にもコンピュータが20台導入され，「総合的な学習の時間」などで調べ学習に利用されているが，生徒たちの経験はインターネットの利用が中心で，コンピュータの操作手順の学習は行っていない生徒が大多数である。

操作手順の学習を進めるなかで「授業ごとの感想」を書かせることで，生徒の学習の定着を図ると同時に「関心・意欲・態度」の学力形成を図った。

学習項目	学習内容	授業ごとの感想（抜粋）
1.『2年生になって』を書こう！〔2時間〕	・ページ設定で縦書きへの変更。タブ，余白，文字数と行数。	「Wordでこんなこともできるんだなあと思った。家で使うときがあればやりたいです。」
2. マスコットを描こう〔1時間〕	・キャンバスの色とサイズの変更。伸縮と傾きで半分に縮尺。ファイルから貼り付け。JPEG保存。	「マスコットをペイントで描く際に，自分の思うとおりに描けなくて描くのに時間がかかってしまった。」
3. 全角／半角文字とは？〔1時間〕	・IMEの働き。2バイト文字，全角と半角の関係。ワードアートの利用。挿入と図の移動，テキストの折り返し方。	「全角や半角について教えていただきました。僕が思ったのは，全角と半角はどういうときに使うのか気になりました。」
4. 鎌倉調査1〔1時間〕	・総合的な学習の時間に鎌倉の調査学習を行う。事前学習として調べ学習を行う。	「鎌倉について事前学習をしました。どのようなものを載せようか迷いました。」
5. 鎌倉調査2〔1時間〕	・「テキストの保存」「名前を付けて画像の保存」「Webページ全体の保存」の違い。	「鎌倉について調べました。3回ということで資料を探すのに時間をかけてしまいました。」
6. 鎌倉調査3〔1時間〕	・鎌倉について調べ学習したことをまとめて指示されたサーバのフォルダに提出する。	「提出日，なるべくクラスのみんなが貼り付けていない資料を貼り付けようと心がけました。」
7. 職業体験学習名札つくり1〔1時間〕	・デジタルカメラで撮影した自分の画像を目的のサイズに切り抜く。明るさやコントラストなどの画質調整を行う。	「Photoshop Elementsを初めて利用しました。写真が加工できることを知りました。」
8. USBメモリの使い方〔1時間〕	・ハードウェアの使用，ハードウェアの安全な取り外し方。プロパティの活用，リムーバブルメディアへの名前の付け方。	「今日，初めて僕はUSBメモリというものを見ました。この小さなものによく入るなあと思いました。」
9. 職業体験学習名札つくり2〔1時間〕	・自分の画像のサイズ変更を行う。フィルタの活用。レイヤについて。	「写真の明るさを替えたり，写真を切り取りました。レイヤの意味を知りました。」
10. 職業体験学習へ向けて1〔1時間〕	・職業体験学習に向けて学習先までの地図をペイントで作成する。	「どのように描いたらよいか考えました。」
11. 職業体験学習へ向けて2〔1時間〕	・職業体験学習に向けて訪問先までの地図をペイントで作成して事業所の調査・ロゴマークなどを地図に貼り付ける。	「地図の提出日ですが，余り思うようにできませんでした。それで結局文字が全部入れられず途中までで提出してしまいました。」
12. 職業体験のまとめ〔1時間〕	・職業体験調査報告書の作成。自分の顔写真と事業所までの地図を挿入する。	「職業体験報告書をつくりました。体験の感想を書いたり顔写真や体験先までの地図を貼り付けたりしました。」
13. 職業体験のまとめ提出〔1時間〕	・職業体験で学んだことや思ったこと，感想などをまとめる。	「提出日と聞いてあわてました。体験先で体験の時に写してもらった写真を貼り付けました。」
14. 作品をWebページにする〔2時間〕	・自分がつくった3つの文章をつなげてブックマークを付ける。Webページにして保存する。	「今までつくったものをつなげました。ブックマークというものをつけました。」

ワークシートへの記載例

《題材初発の感想》
- 機械
- 色々なデータを残しておくことができる。
- 検索できる。
- 印刷すること。
- メールができる。
- 音楽が聴ける。
- ものを買うことができる。

→

《題材終末の感想》
- 色々なことが調べられる。
- ゲームができる。
- 文章を打ったりそれを保存したりできる。
- 少し壊れやすい。
- ウイルスが入りやすい。
- 値段が高い。・絵を描くことができる。
- 音楽を聴ける。
- ＨＰを作ることができる。
- タグなどを使ったりできる。
- 文字には全角半角がある。
- ＵＳＢメモリを入れたり，抜いたりできる。

評価のポイント

　授業を進めるに当たって，①「授業ごとの感想」に操作の手順を書き取るための欄を設けた。②授業速度に注意して，操作の手順を書き取れるように注意した。

　『関心・意欲』が高まれば，操作手順についての記述が増えると考えた。問題意識をもって授業にのぞむ生徒ほど，細部にわたる記述を行うはずだからである。しかし一方で，記述の増加は単なる知識の蓄積，活用のための工夫にすぎないのではないか，という疑問をぬぐい去ることはできなかった。

　最終的にはパソコンでその授業の再現をしたレポートを求め，提出された時点で評価をAにした。

成果と改善点

　「授業ごとの感想」は毎時間回収する方法と後日提出する方法があるが，現在後者で実践している。コンピュータを使用するという環境上の理由から，操作中は消しゴム等の使用を制限しているため，生徒自身も記載活動が困難となる。コンピュータの操作が終了してから記載活動を行わせるため，後日提出としたが，その提出率が「関心・意欲・態度」となってしまうことがあった。

　提出された「授業ごとの感想」への指導の書き込みが，より生徒の『関心・意欲』を高めているとは思うが，題材終末の感想を見る限り，記載量が増えて文章も長くなったが，情意に変化が表れたとは言い難い。

★コメント★

○「評価のポイント」のなかでも報告されているとおり，この実践では『関心・意欲』を育てることはできていないようです。「コンピュータってどんなもの」というキーワードも，具体性に乏しいことが問題になるかもしれません。

　授業単位の感想の実践から「関心・意欲・態度」を育てることを試みた例です。題材全体をつなげるキーワードを探し，一貫性ある働きかけを行えば『関心・意欲』を育てることができます。スキル修得中心の言葉かけを，『関心・意欲』を育てる言葉かけにしていくことが課題です。「授業ごとの感想」も，授業時間内に書かせることができるものに改める必要があるでしょう。健闘を祈ります。

ケース14 キーワードを変えずに働きかける大切さ

【1】最初の実践：「情報とコンピュータ」

　初の実践が「情報とコンピュータ」の題材であった。教師・生徒ともに不慣れな点があったが，それを差し引いても「情報とコンピュータ」の関心を育てることの難しさを痛感した。

題材の概要	題材名：ロゴマークをつくろう！ 学　年：第1学年　　時間数：8時間 軸となるキーワード：「コンピュータってナンだ？」	目標・ねらい	コンピュータ操作の基礎を習得させる。 コンピュータを利用することのメリット（便利さ）に気づかせる。

学習項目	学習内容	働きかけ
1. 学習の前に〔1時間〕	・コンピュータと聞いて，今思いつくことを書く。	
2. インターネットによるロゴマーク検索〔2時間〕	・直接，マークを探すことと，ネット検索を使うことを比較させる。 ・ソフトウェアの機能に気づかせる。	「インターネットを使うことのよさはなんだろう？」「効率よく調べるためにはどうする？」
3. 製作練習・設計・製作〔4時間〕	・手書きと図形処理ソフト活用とを比較させる。 ・図形処理ソフトの効率的な機能選択を促す。	「手で描くのとどんなところが違う？」「ソフトの機能ってナンのためにあるの？」
4. ふり返り〔1時間〕	・「コンピュータ」と聞いて今思いつくことを書く。	

題材初発の感想
> キーボード
> マウス
> ゲーム
> 機械
> インターネット
> メール

授業ごとの感想
（生徒の記録シート：今日のキーワード・今日の気付き。1回目（コンピュータ）：起動，終了のしかた。2回目（インターネット）：キーワードけんさく，リンク，アドレス）

題材終末の感想
> インターネット（いろいろ調べられる）
> 検索
> ペイント（ロゴマークがつくれる）
> 色々な機能がある
> ヘンカンするといろんな字が出てくる
> 保存できる
> すぐフリーズする
> 便利
> コピーができる

感じたこと……働きかけの難しさ

【題材による原因】……コンピュータ処理した"結果"しか見えず，"過程"が見えない。→"目に見えない"ものを"感じさせる"ことの難しさ。→作業中心で，生徒の感覚を揺さぶることがしづらい。

【キーワード「コンピュータってナンだ？」による原因】……「コンピュータ」そのもののイメージが漠然としていた。→「コンピュータ＝パソコン」というイメージが強く，「パソコン」から生徒の視野を広げることができなかった。

【教師による原因】……『知っていること何でもいいから書いてみよう！』という働きかけ→欄の空白が怖くて，"書かせよう"の気持ちが強すぎた。→「知っていること」という言葉かけから「知識」を羅列する生徒が多く見られた。

【キーワードのブレ】……「授業ごとの感想」を記入させる際，その都度キーワードを変更したため，ふり返りも一貫性のない記述になってしまった。→「コンピュータ」のイメージをしっかりさせていなかったため，いつのまにかキーワードが「コンピュータの便利さ」に変化していた。

【2】2回目の実践：「技術とものづくり」

　2回目の実践は「技術とものづくり」の題材であった。生徒がこの方法に慣れてきたこともあるが，それ以上に，教師が自然体で働きかけることができるようになったことが大きな要因となり，前回と比べて情意面で変容した生徒が多数見られるようになった。

題材の概要	題材名：ストラップをつくろう！ 学　年：第1学年　　　時間数：8時間 軸となるキーワード：「材料ってナンだ？」	目標・ねらい	材料（木材，金属，プラスチック）の特徴を理解させる。

学習項目	学習内容	働きかけ
1．学習の前に〔1時間〕	・「材料」と聞いて，今思いつくことを書く。	
2．木材ピース製作〔2時間〕	・加工体験で木材に触れ，手触りや匂いなどの性質を体感。	「切ってみて硬かった？柔らかかった？」
3．金属ピース製作〔2時間〕	・加工体験で金属に触れ，手触りや光沢などの性質を体感。	「木材も磨くと光るのかなぁ？」「木材とどんなところが違う？」
4．プラスチックピースの製作〔2時間〕	・加工体験でプラスチックに触れ，熱変形や色合いなどの性質を体感。	「他の材料も熱で曲がるのかなぁ？」
5．ふり返り〔1時間〕	・「材料」と聞いて今思いつくことを書く。	

題材初発の感想

授業ごとの感想

題材終末の感想

感じたこと……働きかけの難しさ

【題材による理由】……"手に取れる"もので"感じさせる"ことができた→「見る」「触れる」「嗅ぐ」等，生徒の感覚を揺さぶりやすい素材→「切る」「削る」「熱する」等，感覚を揺さぶりやすい活動。

【キーワード「材料」による理由】……ほどよい「距離感」であった→必ず知っている言葉ではあるが，改めて聞かれると「？」となる。→身の周りに溢れているものである。

【教師による理由】……「感じたことを表現してみよう！」という働きかけの変化→教師が「書かせよう」から脱却し，「書けなくても（空白でも）よいという気持ちが芽生えた。→「感じたこと」という言葉かけから，感じたことを表現するようになった。

【キーワードがしっかりしていた】……「授業ごとの感想」で，キーワードを固定した。→「材料」を変えることなく，一貫して働きかけることができた。

成果と改善点

　2題材を通して感じたことは，①教師自身がしっかりとしたキーワードをもつ，②そのキーワードに対する働きかけの引き出しをたくさん用意する，③生徒の感覚を揺さぶる，などの大切さである。とくに，「コンピュータ」をキーワードに設定する場合については，軸となるキーワードの検討や感覚を揺さぶる「働きかけ」の工夫に努めていきたい。

★コメント★

○初めての実践では，授業のデザインが思うようにできず，苦しんだようですね。一般に，技術では「情報」よりも「ものづくり」のほうが働きかけをしやすいようです。

ケース15　3年間で大きく育った「関心・意欲・態度」

　わたしは，同じ生徒たちに対して1年生のときから継続して3年生にいたるまで「関心・意欲・態度」を育てる授業を行ってきた。そして3年目になり，その育ちの成果が，読み取りのなかに表れてきたようである。ここではそのことについての報告を行いたいと思う。

【1】1年目：まずはやってみよう！

学習項目＜キーワード＞	学習内容	働きかけ
1．オリエンテーション〔2時間〕	・学習内容や流れを知る。 ・生活のなかに技術的視点をもつことへの関心を高める。	「窓から見えるあの電柱にはどんな技術が使われていると思う？」 「廊下にはどんな技術が潜んでいるかな？」 「今日は校舎についてだったけど，帰り道とか家にはどんなものがあるかな？」
2．なべしきづくり＜工具＞ 　ちりとりづくり＜材料＞〔21時間〕	・製作の計画などを通し，ものづくりの基本を学習する。 ・製作体験を通して，材料の特徴，工具の使い方を学習する。	「橋の形を参考にしてみれば？」 「よく見かけるものに似ている形はない？」 「この匂いのする材料って，どんな場面でよく使われている？」
3．技術百科事典をつくろう＜インターネット＞〔12時間〕	・1年の授業で関心をもった技術について，調べ学習を行い，レポートを作成する。 ・Webページ検索による調査を通し，コンピュータの基本的な使い方などを学習する。	（インターネットについてあれもこれも教えてしまった。知識注入の授業になってしまった…）

1年目を終えて

△「授業ごとの感想」にキーワードを適切に入れたことで，生徒の記述が発散しにくくなった（生徒が，材料・工具のことについてきちんと目を向け，ふり返るようになった）。
△生活のなかの技術へ関心をもつ生徒が増えた。
▼「授業ごとの感想」の問いかけが知識的であったため，心情があまり引き出せなかった。
▼キーワードを2つにしてしまったために，生徒のなかに混乱が生じた。

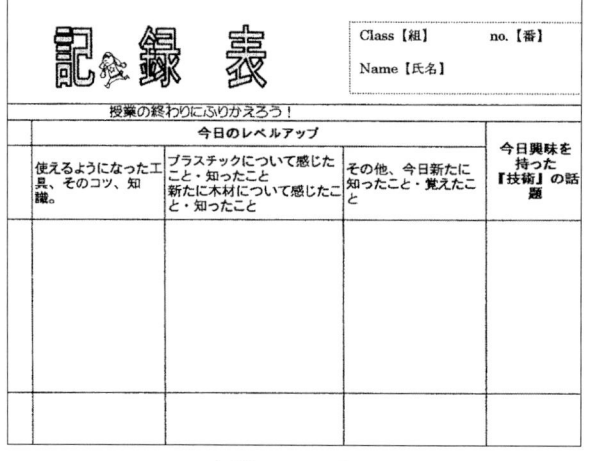

題材初発の感想
とりあえず行ってみたので，枠の大きさにも，言葉にもあまり計画性はない。

授業ごとの感想
このとき，まだ「知っていること」と入っている。また，項目も多く，欲張り。

題材終末の感想
同じシートで知識の確認をしようとしている。→生徒の思考がまとまらなくなる。

【2】苦難の2年目：「関心をもっと引き出せないか」という欲張り

学習項目＜キーワード＞	学習内容	働きかけ
1．インテリアライトづくり ＜エネルギーとは／工具について＞ 〔15時間〕	・ライトづくりを通して，生活のなかでエネルギーを安全に有効に使う方法を学習する。 ・1年生のときよりもより高いレベルの工具の使い方を学習する。	「家に帰った後，まずどんなエネルギーにお世話になっている？」 (電気事故の発火実験を示範して)「家のなかでこういうことが起きている場面はないかな？」 「自分の製品の説明書を書ける？」 「君のこの部分にはどんな道具でどんな加工をしたらいいと思う？」
2．Webページづくり ＜コンピュータとネットワーク＞ 〔20時間〕	・自分の作品を紹介するWebページづくりを通し，ネットワークの仕組みや情報モラルについてを学習する。	「何で言葉だけで絵を描いたときに，みんな同じ絵がかけたんだろう？」 「文字を赤くするにはどうしたらよいかな？」 (掲示板の実例を示して)「何で，こんなひどい言葉をみんな書きはじめたんだろう？」

1年目の反省を受けて実践に取り入れたこと

① 授業の課題全体に，必ず生活につながる内容を入れる→授業中に生活にリンクするキーワードを言葉かけとして必ず入れる。
② 「授業ごとの感想」の言葉かけとして，感覚に訴えるような言葉を意識的に入れた。
③ まとめのところで，初発の言葉と同じ言葉を使い，行ってみた。
④ 関心を育てる授業を意識的に取り入れた。

2年目を終えて

▼ キーワードが初発と終末で違ったために混乱が起きた。
▼ 言葉かけが知識を問うようなものが多かったせいか，必ずしも『関心・意欲』に対する働きかけとはならなかった。1年目よりも，もっともっと書かせたい，という教師側の思いが，働きかけを指示的で，誘導的なものにしてしまい，結果的に「教え込み」になってしまった。こうしたい，という教師の思いを前面に出しすぎるのはよくないのかもしれない。よいものを，とあせりすぎたことが，かえって悪い結果を生み出してしまった。この年はほんとうにつらかった。

題材初発の感想
その前の年と同じく，枠の大きさに計画性はない言葉に関してはキーワードを意識。

授業ごとの感想
「知ったこと」を2連発。キーワードに沿わせたいという思いが強すぎる。その結果知識偏重に。

題材終末の感想
昨年度の反省から，枠はすっきりとした。が，題材初発とキーワードを変えてしまっている。

【3】反省を受け初心に帰った3年目：「働きかけはシンプルに，かつ計画的に」

学習項目＜キーワード＞	学習内容	働きかけ
1．オリエンテーション ＜生活に役立つ技術＞ 〔1時間〕	・学習内容や流れを知る。 ・生活のなかに技術的視点をもつことへの関心を高める。	「自分の家では実際にどうなの？」 「それをよくするには実際にどうしてみたい？」
2．機能・構造の検討 ＜生活に役立つ技術＞ 〔1時間〕	・つくるときに必要な加工法や接合方法を学ぶ。 ・見つけた課題と条件を合わせ，アイデアスケッチをかく。	「その問題を解決するものには，どんな機能を付け加えたらよいだろう？」 「その問題を解決するためには，どんな材料を使えばよいだろう？」
3．構想図の作成 ＜生活に役立つ技術＞ 〔21時間〕	・構造図をかく。 ・ほかの人に評価してもらい，修正を加える。	「この部分の部品の組み合わせを考えるには○○を見てごらんよ」 「なぜこのような組み合わせ方になっているのかな？」

1・2年目の反省を受けて実践に取り入れたこと

①ワークシートや授業中に使う言葉や働きかけで「知識を問うような」ものは使わない。
②ワークシートは言葉を少なくシンプルに。
③言葉かけも含め，1時間ごとに『関心・意欲』を育てるための計画を行う。
◎3年生は授業時間数が少ないため，生活とのリンクを強くするために，あえて「授業で関心の喚起，視点の示唆（言葉かけ等で）」→「家で宿題（授業の内容を生活で実践する）」という形をとった。

3年目を迎えて

△ワークシートに記載活動を行う際に，知識を問うような言葉かけは一切行わず，【思ったこと】で統一を行った結果，情意面が「授業ごとの感想」に多く現れるようになった。
△授業の内容を必ず生活に返すことで，生活内での技術への関心が高まったようである。事実，たった4～5時間の授業にもかかわらず，関心の変容が（質の高まり）が見られた。
▼課題発見のときに，授業順初期のクラスに見本に引っぱられた生徒が見られた。見本提示の仕方に工夫が必要。

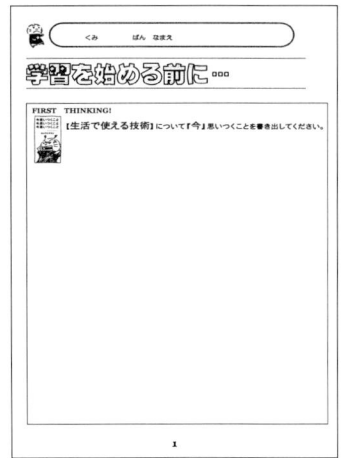

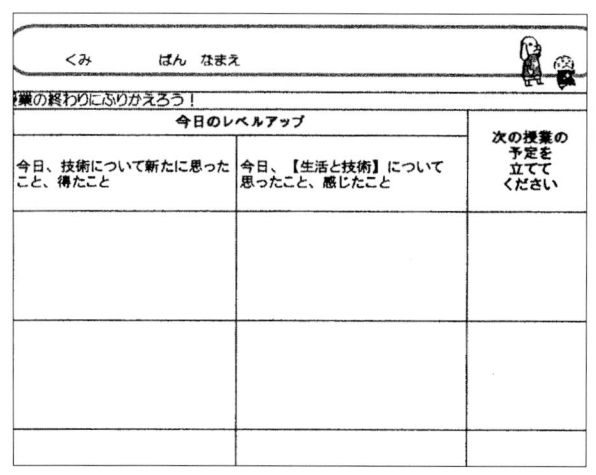

題材初発の感想 — 題材終末の感想と，枠の大きさ，キーワードを統一。

授業ごとの感想 — 感覚を揺さぶる言葉のみに統一。

題材終末の感想 — 題材初発の感想と，枠の大きさ，キーワードを統一。

3年間をふり返って

この生徒たちが入学し，技術の3年間の計画を立てるにあたり，次のようなねらいを立てた。

> ①1・2年次で基礎基本（とくに知識や技能）の習得に重点をおく。
> ②3年次で，問題解決的な学習を展開し，工夫し創造する能力と生活に実践する態度の育成に重点を置く。
> ③すべての題材を通して「生活や技術への関心・意欲・態度」を育て，生活上や地球環境などの問題を教科の視点から見つめ，自分の力で解決・実践する姿を目指す。

とくに③について，学校で習った技術の知識・技能についてをぜひ生活で実践してほしい，という強い願いがあった。これが本書にならっていえば，3年間を通しての「キーワード」となった。

結果的にではあるが，いろいろと苦戦や苦労を強いられながら，生徒たちの技術に対する関心は3年間をかけ，育ってくれた。その要因は次の3点にあるのでは，と考えている。

(1) この授業を展開していくにあたり，「関心・意欲・態度」は育てる学力であり，授業や題材のなかに適切な働きかけを行うことで生活への関心を育てることができる，という研究グループの仮説から，生活⇔授業を意識し，さまざまな題材の工夫や，話題の提供，言葉かけを行った。

随所に生活と授業をつなげる言葉や題材をちりばめることを意識したのである。おそらく，ベテランの先生方はとくに意識もせずに行っていることなのかも知れないが，生活⇔授業を意識し授業を展開していくことがわたしにとっては斬新で，また，生徒の反応が豊かになっていくことにおもしろさを感じた。また，見る，触る，匂いをかぐなど，生徒の感覚を刺激する働きかけが非常に有効であることに気がついた。

(2) 3年生になり，「内容の広い，どちらかというと抽象的なキーワード」であるにもかかわらず，たった4～5時間の授業で明らかにワークシートへの記載内容の変容が見られたことは大きな成果だと思う。

○1年生のときから根気よく『関心・意欲』を育てたことが，「関心・意欲・態度」の形で花を咲かせたのではないかと考えている。1学年の最初にオリエンテーションをおいたのは，3学年の最後に再び「技術とは何か」ということを問いたいと思ったからである。計画したときにはあまり深く考えずに実施したのだが，この仕組みにより自然に3年間を通したキーワードを決めることができた。失敗をしながらでも根気強く支援を行っていけば，生徒の「関心・意欲・態度」は必ず育つ，という手ごたえを今回感じた。

(3) 「関心・意欲・態度」を育てよう，という実践のなかで，わたし自身の技術・家庭科に対する『関心・意欲』が高まったように思う。そして，それを生徒に実際に授業として示すには，さまざまな経験を行い，実践する「態度」を見せなければならず，それが適度な緊張感となり，授業の雰囲気も変わってきた。

○生徒の『関心・意欲』を育てる作業により，知らないうちにわたしも育っていたのである。

○3年間をかけて，技術に対する『関心・意欲』を育ててきた生徒たちもいよいよ学習の終わりを迎える。今まで3年間積み上げられてきたさまざまなものが，ワークシートを1年から通して見ると如実に現れていて，3年生の最後にどんな知の作品になるのかとても楽しみである。

○未熟なわたしでも，実践を通して自分自身の関心が高まり，前よりもよい授業ができるようになってきたと思う。この実践をぜひ行ってみてほしい。

題材終末の感想

> 技術の授業をやっていればなにかのきっかけで使われている技術がわかる。
> （作った人が何を考えてつくったのか分かる）
>
> ものの役目がみえるようになる。
> → 今まで かさ立てなんてと思ってたけど，ちゃんとたおれないような工夫やくさらないような材料の選択が目にみえてきた。

★コメント★

○生徒たちの『関心・意欲』を育てることで，生徒の意識が変わっていくだけでなく，授業が変わり，教師自身が変わっていくことがよく分かる実践です。3年間で育ったのは，生徒の「関心・意欲・態度」，教師が自分自身を見つめなおす目，そして授業に対する自信なのですね。

学習日（　　月　　日）

【　　　　】の学習を始める前に

「　　　　　　　」って何だろう？　『今』思いつくことを書こう。

何でもいいから，自由に書いてみよう。

　　　　　　　　　　　　　　　　　　　　　年　　　組　　　番　名前（　　　　　　　　　）

【　】に題材名を，「　」にキーワードを記入して使用します。　記入欄の枠は，必要なければ消してお使い下さい。
(p.20,21参照)

学習日（　　月　　日）

【　　　　　】の学習をふり返ろう

「　　　　　　　　　」って何だろう？　『今』思いつくことを書こう。

何でもいいから，自由に書いてみよう。

```
┌─────────────────────────────────────┐
│                                     │
│                                     │
│                                     │
│                                     │
│                                     │
│                                     │
└─────────────────────────────────────┘
```

質　問	◎○△×	その理由
学習を通して，「　　　　　　　」への関心が高まったと思いますか。		

◎：カンペキ！バッチリ！　○：まあまあ　△：いまいち　×：ゼンゼン

　　　　年　　　組　　　番　名前（　　　　　　　　　　）

第2部　ケーススタディ　**87**

授業のふり返りシート

今日の授業をふり返り，気づいたことを記入しておこう。

月日	学習内容・作業内容	「　　　　」について 感じたこと・思ったこと・気づいたこと	今日のひとこと感想	先生チェック
1				
2				
3				
4				
5				
6				
7				
8				
9				

　　　　　　　　　　　年　　　組　　　番　名前（　　　　　　　）

第3部 より確かな「関心・意欲・態度」の評価のために

第1部と第2部では、「関心・意欲・態度」を評価するための実際的な方法について述べてきた。「知識・理解」「工夫し創造」「技能」とは評価の考え方も注目するところも違う。その違いはどのような理由によるものなのだろうか。他の観点と異なる方法で評価した「関心・意欲・態度」の学力が、適正であると判断できる理由はどこにあるのだろうか。それぞれの観点と、どのように関連し、結びついているのだろうか。

ここでは、「関心・意欲・態度」がどのような性質をもち、どのように扱われるべき学力であるかについて、先行研究をもとに明らかにする。

評価の4観点の性格と「関心・意欲・態度」

1 「関心・意欲・態度」と他の3観点との違い

(1)「関心・意欲・態度」は情意領域の学力である

「教育目標のタキソノミー」[1]によれば，教育目標は「情意領域」と「認知領域」，「精神運動領域」の3領域に分類することができるが，観点別学習状況における評価の4観点との対応を検討すると表❶のようになり，「関心・意欲・態度」は生徒の内面にある情意領域の学力であるととらえることができる。

表❶ 領域と技術・家庭科における各観点との対応[2]

領域[3]	認知領域		精神運動領域	情意領域[4]
観点	知識・理解	工夫し創造*	技能	関心・意欲・態度
特質	頭脳での思考活動，知的活動，記憶活動		手足を使う身体的活動	心情や気持ちの方向性，心情が表出したときの態度・行動
行動目標で示す評価規準	知る，分かる	考える，判断する	機械・機器・道具等を使い，できる	～しようとしている ～に関心をもつ

*「工夫し創造」は，精神運動領域も伴う。

(2) 情意領域の学力形成の特徴

認知領域や精神運動領域の学力が短期～中期で育つのに比べ，情意領域はかなりの時間を必要とすることが特徴である。

情意面の学力は，学習の積み重ねにより，風船が膨らむように少しずつ育つ[5]ため，学力形成にはかなりの時間を要する[6]。そこで，「関心・意欲・態度」の学力を形成するには，生徒への働きかけをくり返し，外発的動機づけによって生徒の内面を刺激し，生徒自らが学力形成していく内発的動機づけに転換させていくよう指導する必要がある[7]。

(3) 情意領域の学習目標の特徴

「技能」「知識・理解」の学習目標は"習得目標"であり，「工夫し創造」の学習目標は"解決目標"である（表❷）いずれも，到達すべき目標がはっきりしていて，目標に対する到達の度合いで，比較的正確に判定できる。

しかし，情意領域である「関心・意欲・態度」は生徒の内面の学習状況であり，直接つかみにくく読み取りにくいため，学力をとらえるのが難しい。また，ねらいへの到達のしかたにも，他の3観点とは異なり，目標に幅のある到達のしかたをする観点である。

情意領域の性質上，生徒の個性がでるため，学習の到達点は個人差が大きいとともに，到達の姿も多様であり，個人内評価で読み取るのが理想である。そこで「関心・意欲・態度」では，ねらいの方向に幅をもたせた学習目標（生徒に期待する心的傾向など）を設定する（**方向目標**）。

---

1) B.S.ブルームら（梶田叡一・渋谷憲一・藤田恵璽訳）『教育評価法ハンドブック』第一法規出版，1973
2) 尾崎誠・中村祐治「中学校技術科における関心・意欲・態度の評価に関する研究」，横浜国立大学教育人間科学部紀要Ⅰ（教育科学）第8集，2006，p.172
3) 1)に同じ。
4) 国立教育政策研究所教育課程研究センター編「評価規準の作成，評価方法の工夫改善のための参考資料－評価規準，評価方法等の研究開発（報告）」第8章，2002
5) 中村祐治他：中学校「技術・家庭」（技術分野）教授用資料　関心・意欲・態度の評価，開隆堂，2003
6) 金井達蔵編著『中学校 関心・意欲・態度』，図書文化，1985
7) 6)に同じ。

表❷ 観点それぞれの特質と到達のしかたの違い

	技能，知識・理解	工夫し創造	関心・意欲・態度
特質	頭脳での記憶活動，手足等の体での身体的記憶活動 〈習得目標〉	知識等を実践的に具体化する活動，頭脳での思考・判断・選択活動 〈解決目標〉[8]	心情や気持ちの方向性，関心の広がりや深まり，心情が表出した態度・行動 〈方向目標〉[9]
到達のしかたの違い	獲得する入力 → 記憶活動 → 獲得された出力	学習課題の入力 ⇒ 思考・判断活動 ⇒ 解決課題の出力	学習後に育った関心・意欲・態度 ← 働きかけ／他の3観点の学習活動 ← 学習前の『関心・意欲』（"気づきや思い"）
	入力とほぼ同じ出力	課題を解決した出力	入力がねらいに熟して向かう出力
時間	比較的短期的で育つ	中期的な時間で育つ	長期間かけ徐々に育つ

(4) 方向目標と評価

「関心・意欲・態度」では，思いの深まりや広がり方が一人ひとり異なるため，ねらいの方向に幅をもたせた到達度の判定をする。つまり「関心・意欲・態度」では，到達目標が1点でなく，幅をもった方向目標であるため，設定した幅の範囲内に入っていればよいこととし，ねらいの方向へどれだけ到達したかで判定を行うことになる。

第1部，第2部で述べてきた「キーワード」は評価規準の具体例を『関心・意欲』に的を絞ってより具体化したものとして考えてよい。

キーワードが「材料」のとき，生徒が関心を示す対象は"木材"の場合もあれば"金属"や"プラスチック"の場合もある。「家族」のときなら"祖父""母親""妹"とそれぞれの場合が考えられる。それぞれの場合の"思いを膨らませる"活動の具体的な内容は異なるであろう。しかし，最終的に「材料」「家族」について理解を深め，"気づきや思い"を育てることができれば評価の対象になるのである。

(5)「関心・意欲・態度」の評価にワークシートが有効な理由

情意領域への評価を行う場合，成績をつけることを目的とするというよりも，ねらいの方向から外れていないか，思いが深まっているかなど，生徒に目標への到達度をフィードバックすることを目的にする診断的な評価となる。このことは，教師からの「働きかけ」とする以外にも，生徒自らが記載活動を行うことで"気づきや思い"を再確認し，自己診断的な評価を行うことも含まれる。

生徒一人ひとりが今どのような状態にあるのかを知るために，医師がカルテをもつようにワークシートをもつことが「関心・意欲・態度」の評価には有効になるのである。

---

8) 小倉修，中村祐治「技術・家庭科における『生活を工夫し創造する能力』の観点の読みとりに関する研究」日本教材学会誌，第17巻，2006，pp.153-156
9) 中内敏夫・三井大相編『これからの教育評価』，有斐閣選書，1983，pp.119-120

2 評価の4つの観点とその相互の関係

(1)「関心・意欲・態度」と他の3つの観点の関連

　4つの観点は，並列的ではなく，重なる部分や順序性があると考えられる。「関心・意欲・態度」を中心に考えた場合，学習活動の流れのなかでは，学習の入口（第1層）から出口（第3層）にかけて，評価の4観点は図❶のように関連しあっている。

　第1層（学習の入口） は，これからの題材学習を牽引する意欲の喚起，あるいは生徒の内面に無意識に存在していた「技術や生活への関心」を意識化する段階である。

　第2層（学習の過程） は，『関心・意欲』が学習活動を牽引する原動力となるのと並行して，他の3観点に向けた学習活動により『関心・意欲』が育っていく段階である。この段階では『関心・意欲』が学習活動外にも向かっていく。

　第3層（学習の出口） は学習過程で形成された『関心・意欲』を実生活で活用していく原動力としての「関心・意欲・態度」となっていく段階である。

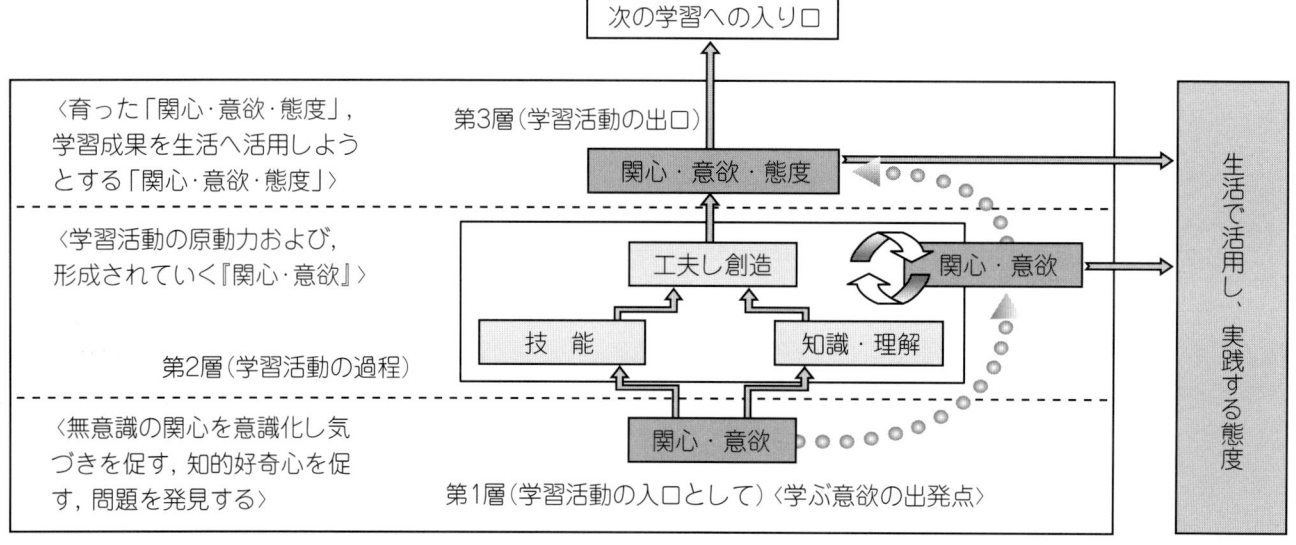

図❶　「関心・意欲・態度」と他の3観点との関連[1]

(2) 他の3観点の果たす役割

　『関心・意欲』が育っていくと授業への参加意欲が高まり，「技能」「知識・理解」「工夫し創造」の学習活動を活性化させることができる。ところが，「技能」や「知識・理解」及び「工夫し創造」の到達へ向けた学習活動が充実しないと『関心・意欲』がうまく形成されず，記載内容に変容が表れないことが多くの実践から分かった。

　すなわち，『関心・意欲』を形成させることと，「技能」や「知識・理解」および「工夫し創造」の到達へ向けた学習活動とは車の両輪の関係にある。

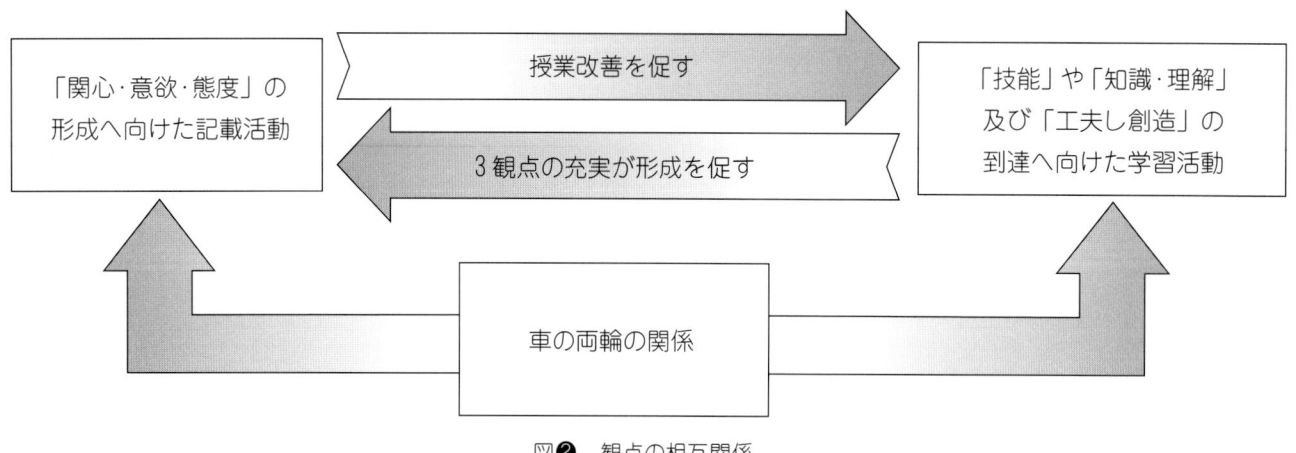

図❷　観点の相互関係

(3) 判定資料を評価にどう生かすか

ここでは，ワークシートの記載内容から読み取った判定資料を，評価にどの程度生かすかを他の3観点との関連で示していく。

○ 評価の読み取り資料はなるべく多くの資料から多面的・多角的に収集するのが本来の姿であるが，そうすると授業の主体が評価の読み取り資料の収集になってしまうおそれがある。
○ そこで各観点の資料は，各観点の性格（表❶，表❷）を考慮したうえで，もっとも有効な資料を効率的に収集することが望ましい。
○ 下記の表❸はその例であり，各観点の特質に即して，評価資料や資料の活用割合を変える。また，観点により育つ時間が異なることを考慮して，評価資料を収集する時期を変えると作業が楽になる。
○ 「関心・意欲・態度」が育った姿をワークシートの記載内容の変容から読み取る方法は客観性が高い[2]。
○ 指導者より，生徒を知らない教師が判定したほうが客観性が高かった事例もあった。これは，瞬時に表れる生徒の行動態度（この生徒は普段「態度が悪い」など）が指導する教師に刷り込まれ，その印象で記載内容の変容を判定した結果であった。
○ したがって，記載内容の変容から読み取った判定資料を主にして（おおむね8割程度），他の要素を若干（おおむね2割程度）入れるのが妥当と思われる。
○ 表❸に示した例はあくまで参考であり，各学校が生徒にねらう力を想定して作成した評価計画に基づき決めていく必要がある。
○ 「工夫し創造」をペーパーテストで読み取る方法は一種の「みなし」である。

表❸ 評価資料の扱い方の例

		関心・意欲・態度	工夫し創造	技　能	知識・理解
	育つ時間	長期的スパン	中期的スパン	短期的スパン	
到達度の判定資料	記載内容の変容	7〜9割			
	行動観察・忘れ物等	3〜1割			
	ペーパーテスト		3〜4割		
	設計と作品の比較		5〜4割		
	自己・相互評価		2割		
	実技テスト			3割	
	完成作品			4割	
	行動観察			2割	
	自己・相互評価			1割	
	ペーパーテスト				9割
	自己・相互評価				1割

---

1) 尾崎誠・中村祐治「中学技術科における関心・意欲・態度の評価に関する研究」横浜国立大学教育人間科学部紀要Ⅰ（教育科学）第8集，2006，p.171
2) p.40「3種類のワークシートからどのように読み取るか」，p.95「『関心・意欲』の育ち方と読み取り」参照。

「関心・意欲・態度」の評価規準

　「関心・意欲・態度」の評価規準は学習指導要領に示された内容のまとまりごとにその具体例が示されている。本書で述べた記載内容の変容から読み取り，達成度を確かめる到達度の判定は，題材単位の長期スパンで行うため表❹に示すように，題材単位でくくって評価規準の具体例を示す必要がある。

表❹　題材と働きかけの評価規準の具体例

	題材名	題材の評価規準の具体例 （「関心・意欲・態度」の評価規準）	『関心・意欲』の評価規準
技術分野	木材で生活に必要なものをつくろう A(1)〜(4)	材料加工に関する技術へ関心をもち，作品づくりから得た技術を生活に活用する実践をしようとしている。	身の周りに使われている「材料」へ関心をもとうとしている。
	周りを明るくするものをつくろう A(5)	電気エネルギーに関する技術へ関心をもち，作品づくりから得た技術を生活に活用する実践をしようとしている。	身の周りに使われている「電気エネルギー」へ関心をもとうとしている。
	部屋を観葉植物で飾ってみよう A(6)	観葉植物に関する技術へ関心をもち，観葉植物を育てた成果を生活に活用する実践をしようとしている。	身の周りに飾られている「観葉植物」へ関心をもとうとしている。
	コンピュータを活用して作品をつくろう B(1)〜(4)	コンピュータの機能に関する技術へ関心をもち，コンピュータの機能を生活に活用する実践をしようとしている。	身の周りに使われている「コンピュータの機能」へ関心をもとうとしている。
	インターネットを活用して作品をつくろう B(5)	インターネットに関心をもち，インターネットを生活に活用する実践をしようとしている。	身の周りに使われている「インターネットの活用例」へ関心をもとうとしている。
	マルチメディアの機能を使って作品をつくろう B(6)	マルチメディアに関心をもち，マルチメディアを生活に活用する実践をしようとしている。	身の周りに使われている「マルチメディア」へ関心をもとうとしている。
家庭分野	わたしたちの食生活 A(1)(2)(5)	中学生の栄養と食事について関心をもち，食生活をよりよくするために，学んだことを実践しようとしている。	自分の食生活をよりよくするために，食生活への関心をもとうとしている。
	わたしたちの衣生活 A(3)(6)	衣服について関心をもち，衣生活をよりよくするために，学んだことを実践しようとしている。	自分の衣生活をよりよくするために，衣生活への関心をもとうとしている。
	よりよい住まい A(4)	安全で快適な室内環境の整備と住まい方について関心をもち，住まいをよりよくするために，学んだことを実践しようとする。	自分の住まいをよりよくするために，住まいへの関心をもとうとしている。
	消費生活を考える B(4)(6)	家庭生活と消費について関心をもち，消費生活をよりよくするために，環境に配慮した生活を実践しようとする。	自分の消費生活をよりよくするために，消費生活への関心をもとうとしている。
	自分の成長と家族 B(1)(3)	自分の成長と家族や家庭生活へ関心をもって学んだことを実践しようとしている。	自分の家庭生活をよりよくするために，家族や家庭生活へ関心をもとうとしている
	子どもを知る B(2)(5)	幼児に関心をもち，幼児の遊びや幼児の発達と家族とのかかわり方を実践しようとしている。	幼児と積極的にかかわり，関心をもとうとしている。

『関心・意欲』の育ち方と読み取り

1 「関心・意欲・態度」が育ったと"みなす"

　第1章では，国立教育政策研究所の評価規準の具体例（平成14年2月）を参考にして『関心・意欲』から働きかけて，「関心・意欲・態度」が育ったと"みなす[1]"ことを述べてきたが，ここでは，文献から，『関心・意欲』から働きかけて「関心・意欲・態度」とみなす根拠について述べていく[2]。

　①情意領域の各カテゴリー[3]は連続した傾向的概念[4]ととらえることができるため，『関心・意欲』の目標は階層性をもち，前提的段階・基礎的段階・発展的段階[5]でとらえることができる。

　②情意領域と認知領域を合致させると，技能を含めて知識・理解目標は『関心・意欲』の目標にほぼ対応している[6]。

　③前提的段階において気づくことは，情意的行動であると同時に，認知的行動でもある[5]。

　①～③によれば，「関心・意欲・態度」の形成は段階的であり，認知領域（「技能」，「知識理解」や「工夫し創造」）の学力形成と連動して育てることができる。「技能」「知識・理解」や「工夫し創造」の習得が「関心・意欲・態度」の形成につながる，またはその逆の関係があることが分かる。

2 「関心・意欲・態度」が形成されるまで

　生徒の内面への「働きかけ」により，最初は"気づきや思い"でしかなかった『関心・意欲』が，以下に示す3段階[2]を経て徐々に膨らみ，やがて『態度』を形成していく（「関心・意欲・態度」形成の「みなし」）。

（第1段階）"気づきや思い"の領域が広がっていく段階

　無意識的であった技術や生活への関心が「題材初発の感想」を書くことで意識化され，生活でのさまざまな事象に気づきながら『あれもそうか，これもそうか』と内容（知識）の領域が広がっていく段階である。

　第1段階では，認知領域と情意領域とが分化されていない[7]ため，「知識」の広がりを『関心・意欲』の広がりとみなすことができる。これは『関心・意欲』の前提的段階[5]にあたり，カテゴリーの1.0（受け入れ）に相当する（カテゴリーはブルームらによる。以下同様）。

（第2段階）"気づきや思い"が熟し，質として深まっていく段階

　意識化された気づきが学習内容と結びつき，意識的な見方・考え方へと変化し，内容(知識)の領域の広がりが質の深まりへと変化していく段階である。生徒は学習内容を生活での具体的な事象と結びつけるようになる。

　認知領域における「理解」や「応用」にあたり，発見・知識の整理・比較や一般化など，"気づきや思い"の膨らみが「関心・意欲・態度」の形成に近づきつつある段階である。これは『関心・意欲』の基礎的段階[5]にあたり，ブルームらによる「情意領域のタキソノミー」のカテゴリーの1.3（選択された注意）や2.0（反応）に当てはまる。

---

[1] 尾崎誠，中村祐治「技術・家庭科における『関心・意欲・態度』の評価に関する研究」，日本教材学会誌第16巻，2005，pp.174-178

[2] 尾崎誠，中村祐治「技術・家庭科における『関心・意欲・態度』の指導構成」，日本教材学会誌第17巻，2006，pp.157-160

[3] B.S.ブルームら（梶田叡一・渋谷憲一・藤田恵璽訳）『教育評価法ハンドブック』第一法規出版，1973，pp.320-322

[4] 長瀬荘一『関心・意欲・態度(情意的領域)の絶対評価』，明治図書，2003，p.82

[5] 金井達蔵編著『中学校 関心・態度』，図書文化，1985，p.27

[6] 同pp.51-52

[7] 同pp.54

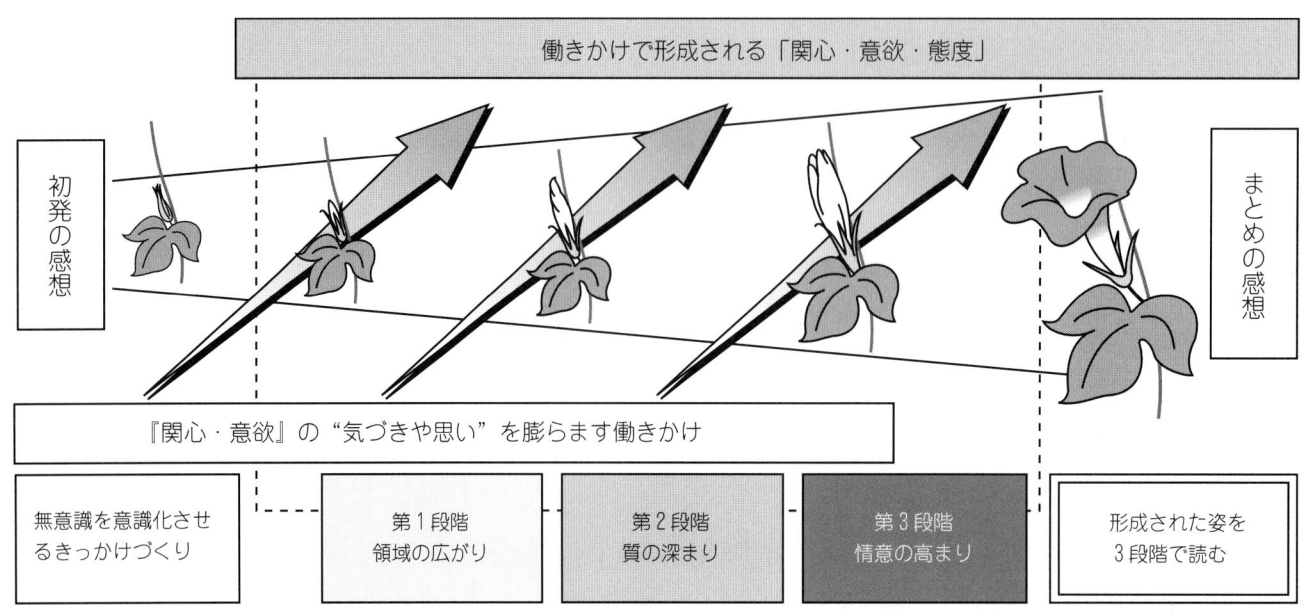

図❸　『関心・意欲』から働きかけ「関心・意欲・態度」が形成されていく段階

（図中ラベル）
- 働きかけで形成される「関心・意欲・態度」
- 初発の感想
- まとめの感想
- 『関心・意欲』の"気づきや思い"を膨らます働きかけ
- 無意識を意識化させるきっかけづくり
- 第1段階　領域の広がり
- 第2段階　質の深まり
- 第3段階　情意の高まり
- 形成された姿を3段階で読む

★まず，具体的な現象，原因や理由，内容同士の比較，動作などの状態やしくみなど，授業での具体的な気づきが深まりをみせる。

★さらに，学習したことが理解へと深まり，学習した内容以外に目が向きはじめる。前者との大きな違いは，授業での具体的な気づきをもとに，日常生活で目にするものとの比較，応用，一般化がされるようになることである。

（第3段階）態度形成が導かれる段階

　第3段階は，認知領域と情意領域とが分化しはじめ，情意面の高まりが表面化して態度形成までいく段階である。学習前の自分と比べ，技術や生活を見る目が内面で育ち，大きく変化した自分の姿の状況を客観的にふり返る段階である。

　これは『関心・意欲』の発展的段階にあたり，カテゴリーの3.0（価値づけ）や4.0（組織化）及び，5.0（個性化）に当てはまる。

★まず，意識が変化しはじめ知的好奇心，具体性のある驚き・感動・新たな疑問などをもつようになり，積極的に追求を行うようになる。

★次に，実践的態度，学習成果を生活に生かそうとする態度，自分なりの価値観に従って向上しようとする態度などが現れる。これまで習得した知識や技能が組織化され，ある考え方をもって生活しようとする『態度』が形成される。

★さらに，生活や技術への概念が熟して深みを増して"情緒の高まり"が起こる。生活との関連をまず考えるようになり，技術の進歩に対する情緒が高まるなど情意の変化が起こる。組織化された知識や技能は体系化が行われ，「生活や技術」に自分の考えで向き合おうとするようになる。

　この区分は，生徒の個性によって出方が異なるが，一般的なものととらえてよい。

3　学習活動と学力の育ち，ワークシートの記載内容の変化

　教師の「働きかけ」により『関心・意欲』が生徒の心のなかで徐々に育っていく。記載活動はその育ちの姿を文字・図表の形で顕在化・定着化させる試みである。

　"気づきや思い"を意識化させるきっかけづくりとしての「題材初発の感想」と，「働きかけ」によって感じたことを「授業ごとの感想」に記録していく。記載活動により『関心・意欲』の定着を図り，新たな発見を促すことができる。

　題材学習の終末で，「題材初発の感想」と「授業ごとの感想」を見ながら全授業をふり返り，『関心・意欲』への素直な感想を「題材終末の感想」にまとめることにより，自らの「関心・意欲・態度」の育ちの姿を知ることになる。

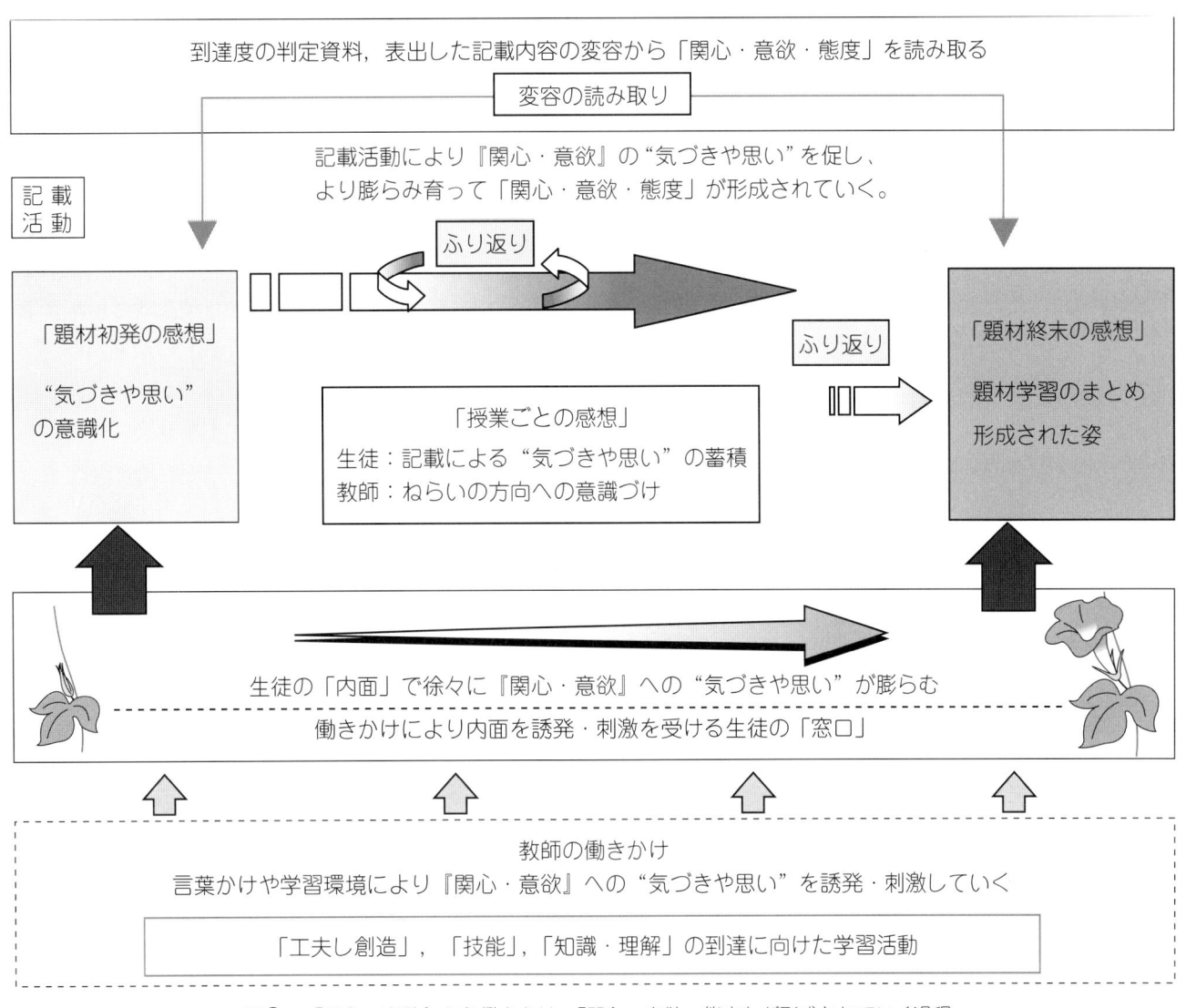

[図: 「関心・意欲」から働きかけ、「関心・意欲・態度」が形成されていく過程]

図の構成要素：
- 上部：「変容の読み取り」到達度の判定資料，表出した記載内容の変容から「関心・意欲・態度」を読み取る
- 「記載活動」により『関心・意欲』の"気づきや思い"を促し，より膨らみ育って「関心・意欲・態度」が形成されていく。
- 「題材初発の感想」"気づきや思い"の意識化 → ふり返り → 「題材終末の感想」題材学習のまとめ 形成された姿
- 「授業ごとの感想」 生徒：記載による"気づきや思い"の蓄積 教師：ねらいの方向への意識づけ
- 生徒の「内面」で徐々に『関心・意欲』への"気づきや思い"が膨らむ
- 働きかけにより内面を誘発・刺激を受ける生徒の「窓口」
- 教師の働きかけ：言葉かけや学習環境により『関心・意欲』への"気づきや思い"を誘発・刺激していく
- 「工夫し創造」，「技能」，「知識・理解」の到達に向けた学習活動

図❹ 『関心・意欲』から働きかけ，「関心・意欲・態度」が形成されていく過程

4 育った姿の読み取りとフィードバック

「関心・意欲・態度」の読み取りは，ねらいの方向にどのくらい到達しているかを個人内評価で読み取る。

「関心・意欲・態度」を授業単位で読み取ることは物理的に不可能である。授業中に一瞬示された微妙な学習行動の変化を生徒全員分，克明に観察・記録しようとするなら，授業が評価資料を得るためだけのものになってしまう。また，同じ生徒が毎時間同じ変化をするとは限らない。

そこで，「題材初発の感想」から全体の学習の見通しをもつなかで，計画的・意図的に生徒の「窓口」を刺激するような仕掛けを仕込んだり，体験的な学習活動を間においたりすることで，常に生徒の内面を刺激する授業環境をつくっておき，刺激に対する学習行動の変化を読み取れるようにしておく。そして，一人ひとりの「授業ごとの感想」ワークシートの記載内容に表れた変化を追い，必要に応じて軌道修正を促したり，仕掛けや刺激の方法を見直したり，励ましや支援の言葉かけをしたりすることで，系統だてて方向づけていけば，ねらいの方向へ必ず育ちの形成があるはずである。

到達を判定する評価規準は，最終的には「生活や産業のなかで用いられている技術に関心をもち，技術が果たしている役割や，生活環境・エネルギー・資源・衣食住・家族や家庭について考えようとしている」である。この評価規準を下位規準化した＜題材ごとの評価規準＞を定め，評価規準のねらう方向から決めた「キーワード」を軸に「働きかけ」を行い，その結果を判定するのであるから，＜題材ごとの評価規準＞「キーワード」から達成度を判定できる「判

→判定表の例は，p.43,44,46,48,50を参照。

定表」を作成する必要がある。

判定表の例は，第4章で示したように，1年生と3年生，題材にかける授業時数によって変えていく必要がある。

5 判定結果の一致率

記載内容を先生方に読み取ってもらった判定結果の一致率は，最大で78.3%であった。また，大学生もほぼ同じ一致率で読み取っている。本書の方法によれば，どの先生が読み取っても8割方，同じ判定になるといえる。以前，「関心・意欲・態度」を授業態度で読み取る模擬授業を実践したことがあるが，判定は偏りが多く，目立つ生徒ほど「A」と「C」の両極端の判定結果になった[1]。

一致しなかった2割は，AとB，BとCで判定が別れた結果で，AとCの両極端になった判定例は皆無であった。

生徒を知らない教師でも判定できるが，これはメリットとデメリットがある。生徒を知らない教師は客観性に優れ，生徒を知っている教師は情が働き，判定にぶれが生じた。記載内容に変容が表れず，変容を促す働きかけが弱いと感じた場合は，判定基準の壁を低くし，甘い判定結果になることがある。ただ，他の資料を用いて判定する必要がある記載内容については，生徒を知っている教師のほうが客観性のある判定をすることができた。

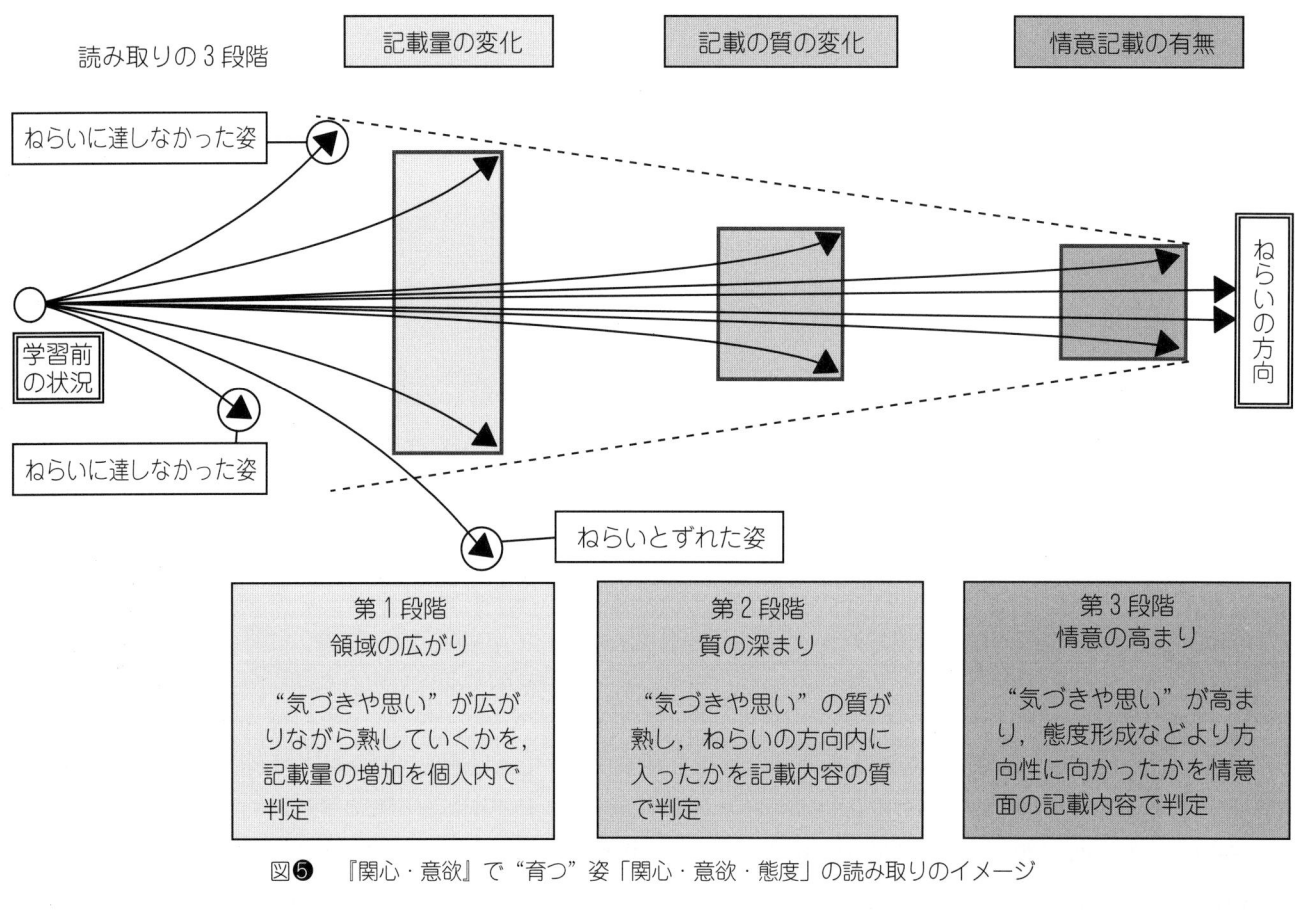

読み取りの3段階　　記載量の変化　　記載の質の変化　　情意記載の有無

ねらいに達しなかった姿
学習前の状況
ねらいに達しなかった姿
ねらいとずれた姿
ねらいの方向

第1段階 領域の広がり
"気づきや思い"が広がりながら熟していくかを，記載量の増加を個人内で判定

第2段階 質の深まり
"気づきや思い"の質が熟し，ねらいの方向内に入ったかを記載内容の質で判定

第3段階 情意の高まり
"気づきや思い"が高まり，態度形成などより方向性に向かったかを情意面の記載内容で判定

図❺　『関心・意欲』で"育つ"姿「関心・意欲・態度」の読み取りのイメージ

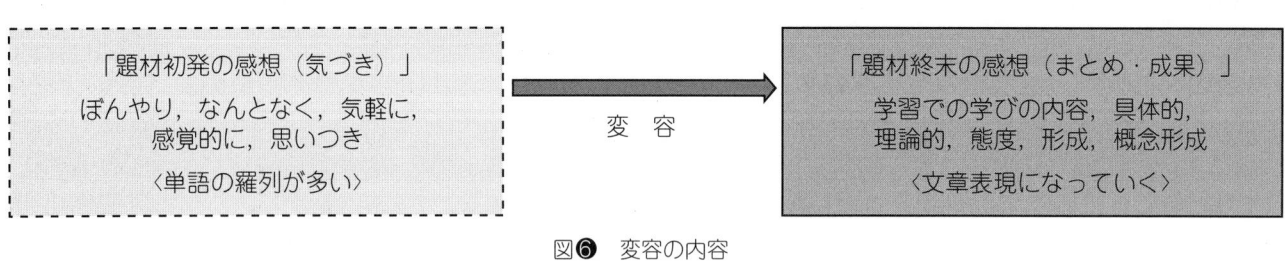

「題材初発の感想（気づき）」
ぼんやり，なんとなく，気軽に，感覚的に，思いつき
〈単語の羅列が多い〉

変容 →

「題材終末の感想（まとめ・成果）」
学習での学びの内容，具体的，理論的，態度，形成，概念形成
〈文章表現になっていく〉

図❻　変容の内容

[1] 尾崎誠，中村祐治「技術・家庭科における『関心・意欲・態度』の評価に関する研究」日本教材学会誌第16巻，2005，pp.174-178

生徒と教師がともに育つ

1　生徒が変わる姿

　『関心・意欲』を育てる授業展開は，育った姿の「関心・意欲・態度」の読み取りを客観的にして，保護者からの信頼を得る評価にするばかりでなく，授業改善につながる効果が大きい。
　表❺に示す生徒の変容は実践した中学校で実際にあった行動である。同じ学年の先生が驚くような変容ぶりを示すようになる。

表❺　生徒の変容の姿

現　象	取り組み以前	取り組み意向
休み時間での雑談が	テレビやマンガ，ゲームなどの話ばっかりだった。	授業での内容やそれに関係する普段から興味があることを話してくる生徒が増えた。
教科書などの忘れ物が	成績を意識して用意してきたり，忘れたことをごまかしたりしていた生徒が多かった。	成績に影響しないことを理解したうえで，自分の学習に必要だからきちんと持ってこようとする意識が見られる生徒が増えた。
登下校の道で	何人かが集まると，友人同士の噂，ＴＶ番組やスポーツの話ばかりであった。	あの電線は光ケーブルか，コンビニの弁当の問題点は，と校外での技術や生活に関心を示す生徒が増えた。

2　経験豊かな教師にこそふさわしい方法

　『関心・意欲』を育てる授業を展開しようとするとき，教科に対するこだわりが障害になることがある。とくにベテラン教師では，自分の教授スタイルへのこだわりが強く，評価のためのしくみを取り入れることに抵抗感をもつ場合がある。
　しかし，指導技術を蓄積した教師のほうが，学習環境を効果的に整え，生徒の「窓口」に巧みに訴えかけることができ，軌道修正を促したり，支援の言葉かけをしたりする場合でもよりよい方法を経験により知っており，生徒の確実な変容が期待できる授業が可能となる。経験豊かな先生にこそ，意識を変えて取り組んで欲しい。

3　教師が変わる，授業が変わる

　この評価方法の採用は，「関心・意欲・態度」の評価に対する信頼確立ばかりでなく，確実な授業改善につながる。つまり，「関心・意欲・態度」を育てることにより，自然と授業改善ができてくるのである。
　表❻は，この評価方法で「関心・意欲・態度」の実践をした何人かの先生の自己変容を示したものである。評価の分布を学校から指示されている地区では，指示を気にせずとも正規分布に近い評価ができ，評価を評定に変換しやすくなる効果がある。
　最も大きな変容は，生徒同士を比べるときに，「どうやって点差をつけるか」「1点差でも差は差」という長年慣れ親しんできた評価感覚から離れることができたことである。「本来身につける学力が育ったか」で評価していく評価観をもつことができるようになったことが，「関心・意欲・態度」を育てる授業にしていった成果である。

表❻ 教師の指導姿勢の変容の姿

		この評価方法の採用前	この評価方法の採用後
題材の目標		「作品を完成させること」が主体だった。	作品の完成を通して，必要な力をつけ，関心を高めることを目標にするようになった。
授業運営	基本姿勢	ともかく終わらせ，作業あって学びがなかった。	導入5分，展開35分，まとめ・片づけ10分で，学びを確認するようになった。
	導　入	世間話，冗談や題材と関係ない話だった。	普段の生活に目を向け，題材や授業にかかわりのある話題を拾い話すようになった。
	展　開	一問一答が多く，すぐに教える，何でも知っているという姿勢があった。	分からないことを生徒とともに考える余裕や生徒の発見を認め，生徒の質問に「どうしてだろう」といえるようになった。
	まとめ	片づけをして何となく終わっていた。	授業で，気づいた・感じた・思ったことなどのふり返る時間を取るようになった。
指導形態		一方的，一斉形態，プリントに頼り過ぎる，個別学習に見えるバラバラ学習だった。	生徒の反応を見ながら一斉指導，プリントの分量が減り，個別学習にも規律やリズム？が出て一貫性がでてきた。
ノート	準　備	すべてを詰め込み，とにかく枚数を増やした。	内容を精選し，授業内で有効に使おうと意識するようになった。
	記　述	書かせたい内容が書けているかを重視していた。	感じてほしい，気づいてほしいを文章に表してほしいと考えるようになった。
定期テスト		各観点の区分けが明確でなく，知識を問う，差をつける問題であった。	教科で育てる点や何が大切かの目的をもった出題をして，考えさせる問題が多くなった。

4 技術分野と家庭分野の連携

　本来1つの教科である技術・家庭科だが，技術分野と家庭分野の特性の違いから，多くの教師が分野ごとに評価を行っている。2つの分野がそれぞれ別の教科と考えている教師もある。しかし，『関心・意欲』の大きなキーワード「生活と技術」を常に意識して働きかけることで，2分野を本来の姿で評価することができるようになる。

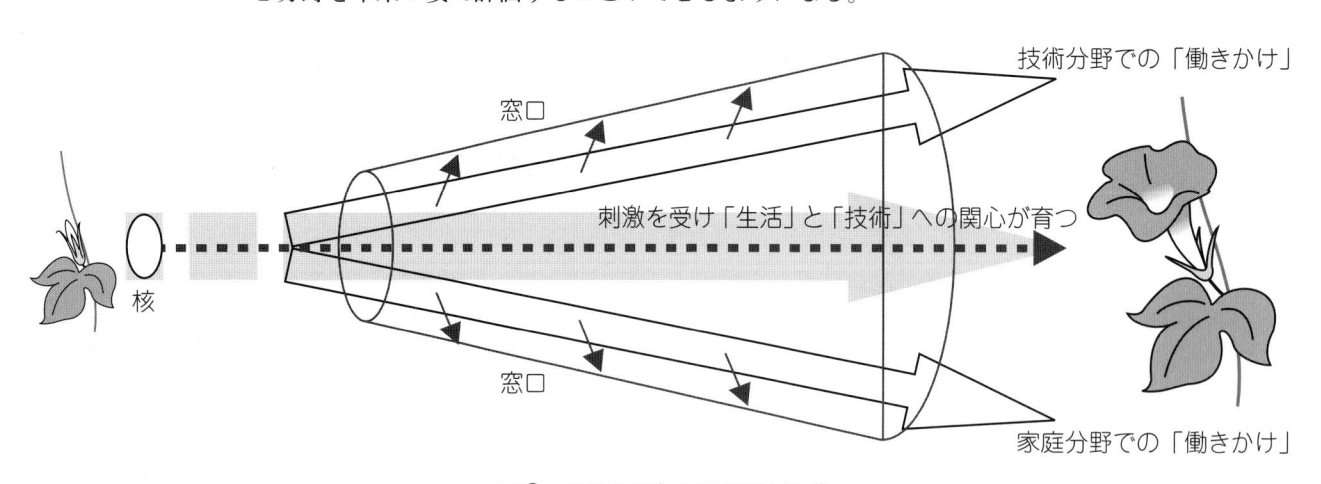

図❼　技術分野と家庭分野の連携

学校教育としての「関心・意欲・態度」の評価

1　「関心・意欲・態度」をなぜ評価するのか

　教育目標には「情意領域」と「認知領域」，「精神運動領域」の3領域があり，本書の目標である「関心・意欲・態度」の学力は「情意領域」に相当する。「認知領域」，「精神運動領域」に相当する「知識・理解」「技能」「工夫し創造」は，大まかにいえば記憶活動により獲得した"知識"を内面化し，体系化することによって，実践的に具体化する学習活動である。目標に対する達成度は，知識の定着やその応用を問うテスト問題などにより，比較的簡単に観察することができる。

→教育目標の3領域と評価の4観点については，p.90参照。

　残る「情意領域」に関する教育目標の達成については，その具体的な姿がとらえにくいことや，特定の道徳観や価値観を教え込む「注入」になりかねないことを恐れる気持ちから，「情意領域」に関する評価を無視したり，あきらめたり，なおざりに扱ったりすることが多かったのではないだろうか。

　ところで，技術・家庭科の学習目標には『習得した知識と技術を積極的に活用し，生活を工夫したり創造したりする能力と，実践しようとする意欲的な態度を育てることをねらいとしている』とある。学校教育の目標群のなかには情意的な成果が含まれており，むしろ他の3観点よりも重点がおかれているのが現状である。そうであれば，情意領域の能力を形成するカリキュラムや教育方法についてもっと真剣に取り組む必要があるはずである。

2　学校教育で育てるべき学力

　学校教育は，「技能」や「知識・理解」の習得を通して，「工夫し創造」や「関心・意欲・態度」の学力を養うのが使命である。「技能」や「知識・理解」だけの習得なら，学習塾・料理教室・パソコン教室・工作教室など，学校教育以外の教育施設でも可能である。もちろん，こうした教育施設では，「技能」や「知識・理解」習得の機能を有する大切な教育機関ではある。しかし，これらの教育機関と学校教育との決定的な差は，「工夫し創造」や「関心・意欲・態度」の学力を養うことができるか否かなのである。技術・家庭科にとって重視される作業や実習などの体験的・実践的活動は，それ自体で教育力を有するのでなく，教科の最終的なねらいの達成に役立ってはじめて教育力を発揮するものである。

　本書で提案する「ワークシートの記載活動による『関心・意欲・態度』の評価法」にいまだためらいを感じる先生には，学校教育で育てるべき学力としての「工夫し創造」や「関心・意欲・態度」の意義を再度確認していただきたい。

ねらいへ近づく手段	を通して	教科の最終のねらい
作業や実習など，体験的・実践的活動	→	進んで生活を「工夫し創造」する能力と実践的な態度 生活や技術のかかわりの理解 技術や生活への関心の学力の習得

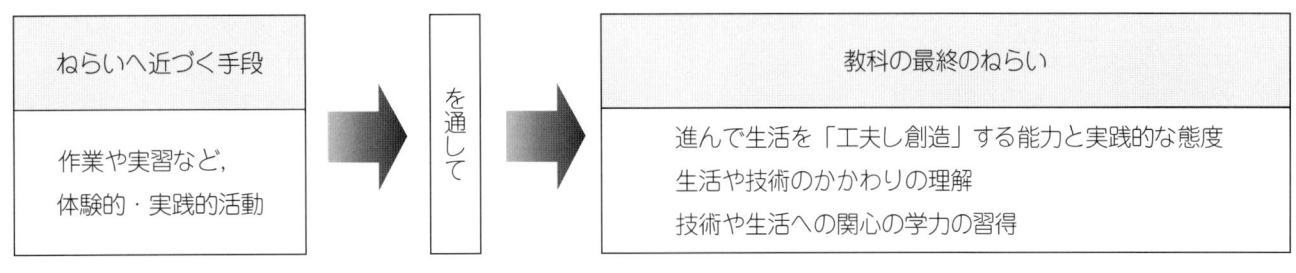

図❽　ねらいを達成するための体験的・実践的活動

3　「書くこと」こそ学校教育

　学校教育で育てるべき学力である「工夫し創造」や「関心・意欲・態度」を育てるためには書く活動は必須である。書くという機能には，記録として残す以外に，整理，まとめ，再構築，再構成の機能がある。作業や実習で得たことを教科のねらいに結びつけるのが書く活動であるともいえる。

さらに，生活で遭遇する場面で生じるさまざまな問題解決に必要な知識理解や技能を獲得していく力の源にもなっていく。

```
┌─────────────┐    ┌─────────────┐    ┌─────────────┐    ┌─────────────┐
│学校教育として│ → │ワークシートへ│ → │「工夫し創造」や│ → │新たな「知識・│
│の「技能」や │    │の記載活動   │    │「関心・意欲・│    │理解」や「技能」│
│「知識・理解」│    │             │    │態度」が育つ │    │の獲得の源   │
│の習得       │    │             │    │             │    │             │
└─────────────┘    └─────────────┘    └─────────────┘    └─────────────┘
```

図❾　書くことの意義

4　1年次の学ぶ意欲の主発点としての「関心・意欲・態度」

　第1部～第2部までに示した「関心・意欲・態度」をどう育て，育った姿をどう評価するかの実践は学習題材単位を主に扱っている。しかし，それぞれの学習題材は技術分野・家庭分野の3年間の学習活動の一部であり，3年間を見通して実践を行うことにより，技術分野・家庭分野での3年間の学びに系統性をもたせることができ，ひいては教科である技術・家庭科の3年間の学びを確実なものにすることができる。

　「知識・理解」「技能」「工夫し創造」といった観点では，別々の教科のように扱われてきた技術分野と家庭分野だが，「関心・意欲・態度」の観点で学習を見通すことによって，本来のあるべき姿を取り戻すことができるのである。

> → 3年間の学びについては，p.19「3年間の学びの感想『知の作品』」，p.82「3年間で大きく育った『関心・意欲・態度』」を参照。

5　将来の活用力へつながる「関心・意欲・態度」

　現在の日本の家庭生活では，技術革新による変化が激しく，新しい道具がつぎつぎに現れて，これまで使われてきた道具が消えていくことが頻繁に起きている。

　例えば，家庭用電動式ミシンが発明されると足踏み式ミシンに取って代わって家庭に普及したが，安価な衣服が大量消費されるようになり，衣服の修復などをする機会が減ってきた現在では，家庭でミシンを使うことがなくなってきている。

　コンビニエンス・ストアなどの普及により，家庭に持ち帰って食べる弁当や惣菜のような調理済み食品の利用が増えている。レストランを利用する「外食」，手づくりの料理を家庭で食べる「内食」に対して「中食（なかしょく）」と呼ばれるこうした調理済み食品の利用が進むにつれ，料理をしなくても食事ができるようになった。

　コンピュータが出現して，手書きで行っていた書類作成や計算が効率的に処理できるようになった。インターネットが一般化（1995年）してわずか10年余りだが，すでに商品情報や生活情報をインターネットから得ることが一般化していることなどがあげられる。

　こうしたことから考えられるのは，学習で使用した道具が将来消えて，その道具を使用することを前提とした学習内容が使えなくなるおそれが十分にある，ということである。それでは，現在使われている道具の使い方を指導する学習は必要ないのだろうか。そうではあるまい。真空管や足踏み式ミシンで学習した生徒は，学校で学習した成果を基盤に，現在の社会で活躍してきているのである。ではそれは，なぜ可能だったのだろうか。

　その答えが，学校教育の使命である「工夫し創造」「関心・意欲・態度」の学力形成によるものである。とくに「関心・意欲・態度」の学力形成は，技術革新による変化の激しい社会では，変化に対応して生きる力の源になるのである。

6　「関心・意欲・態度」は，民主主義社会の一員として必須の資質

　学習の入り口に立ったとき，「関心・意欲・態度」は問題発見の力となる。本書で展開している「評価法」では，題材初発の段階で，意識化されていなかった題材への"気づきや思い"を意識化する作業を行う。「働きかけ」とワークシートへの記載活動により，いわば問題発見の力を養う訓練を行うのである。

　問題発見の力は，社会で起きている問題の変化をキャッチして，自分の生活をよりよい方向

へ変えていくための出発点となりうる。ごくわずかな変化であろうとも，問題として認識されれば内的動機を形成するには十分であろう。こうして認識された問題は，十分な知識と経験の蓄積をもとに，問題を解決するための『意欲・態度』を形成するための原動力となる。場合によっては，参政権や広報活動などを通して，社会を変えていこうという原動力となりうる。環境問題や，安全・安心が守られない事件が数多く報道されている現実から，何が問題なのかをすばやくキャッチして，必要な知識と経験を蓄え，社会をよりよく変えていこうと考え，実行することを可能にする学力は，民主主義社会で参政権を有している市民として必須な資質である。

　学習の出口で形成されるべき「関心・意欲・態度」の学力は，技術や生活が大きく変化したとき，必要な技能や知識を学び取り，変化に対応できる活用力になりうるのである。技術・家庭科では，将来につながる学力を育てるため，「技能」や「知識・理解」および，「工夫し創造」の学力を大切にするとともに，いままで育てるという感覚をもたなかった「関心・意欲・態度」をもっと重視していく必要がある。

7 真の達成観を味わうような教育力を発揮するために

　「関心・意欲・態度」の評価方法を"忘れ物の評価資料"から"育った「関心・意欲・態度」"に変えたところ，ある保護者から『家の子は忘れ物を1回もしないのになぜ評価が悪いのですか』と質問を受けた。学級担任教師が保護者に，「関心・意欲・態度」の趣旨をよく説明したところ納得して帰った。

　また，操作のみから脱した情報活用能力を育てる「情報とコンピュータ」の学習後に変容がなく，学習のねらいに対して学習成果がでなかった事例があった。この生徒は，いわゆる「コンピュータおたく」で，コンピュータの操作や特定の情報活用能力には長けていたのだが，教師が示した学習のねらいには十分応えることができなかったのである。もちろん，この生徒には，視野の狭い学習は役に立たず，広い視野をもつことが必要であることに気づく学習を事後指導で受けさせている。

　学校教育を信頼あるものにしていくとともに，技術・家庭科が作業や実習をしてただ楽しかっただけでなく，真の達成観を味わうような教育力を発揮するために，育てる「関心・意欲・態度」の指導と評価を工夫していきたい。

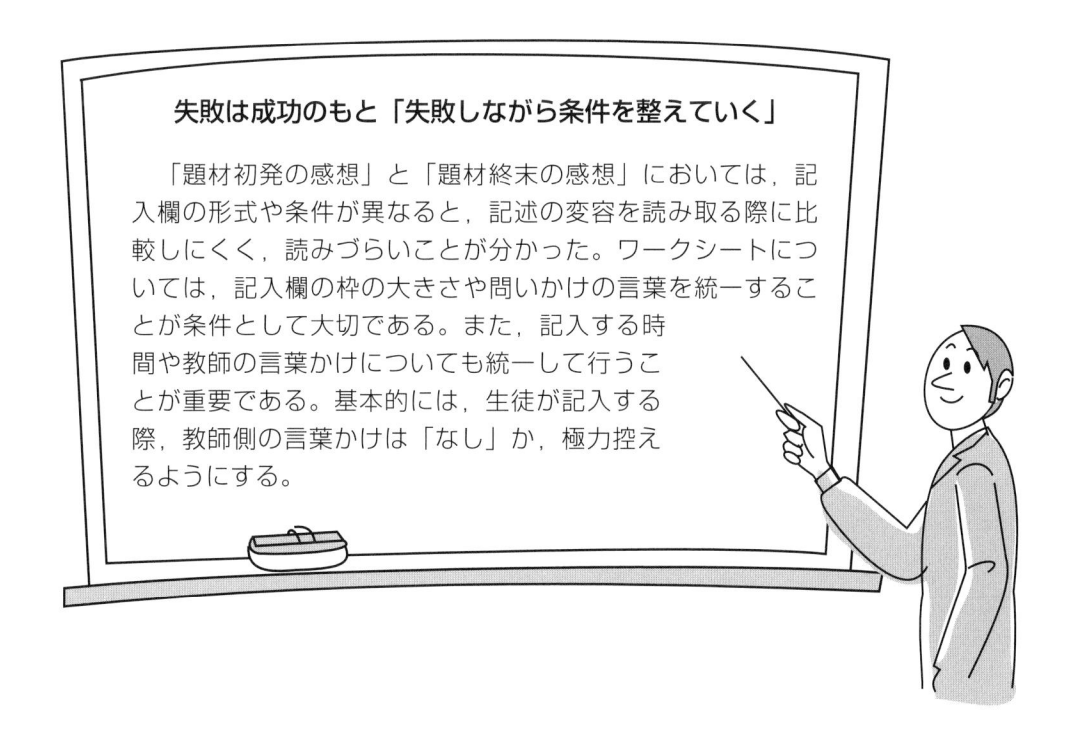

失敗は成功のもと「失敗しながら条件を整えていく」

　「題材初発の感想」と「題材終末の感想」においては，記入欄の形式や条件が異なると，記述の変容を読み取る際に比較しにくく，読みづらいことが分かった。ワークシートについては，記入欄の枠の大きさや問いかけの言葉を統一することが条件として大切である。また，記入する時間や教師の言葉かけについても統一して行うことが重要である。基本的には，生徒が記入する際，教師側の言葉かけは「なし」か，極力控えるようにする。

編著者

中村　祐治	元・横浜国立大学教授
堀内　かおる	横浜国立大学教育人間科学部助教授
岡本　由希子	横浜国立大学教育人間科学部附属鎌倉中学校教諭
尾崎　誠	横浜国立大学教育人間科学部附属鎌倉中学校教諭

執筆者（第2部）

出井　玲子	東京都荒川区立諏訪台中学校教諭
稲澤　縁	東京都大田区立大森第七中学校教諭
井上　真理	神奈川県川崎市立宿河原小学校教諭
小倉　修	神奈川県逗子市立逗子中学校教諭
北村　聡	埼玉県所沢市立安松中学校教諭
北村　志津子	埼玉県入間市立東町中学校教諭
齋藤　健太郎	神奈川県川崎市立京町中学校教諭
中尾　由美子	神奈川県川崎市立高津中学校教諭
橋本　雅子	神奈川県座間市立座間西中学校教諭
早川　敏男	東京都練馬区立田柄中学校教諭
深澤　千聡	東京都大田区立羽田中学校教諭
三芳　雅彦	埼玉県入間市立野田中学校教諭
望月　隆	神奈川県川崎市立生田中学校教諭
安田　賢	東京都立清瀬養護学校教諭
若林　雅夫	千葉県袖ケ浦市立長浦中学校教諭
渡邊　茂一	神奈川県相模原市立上溝中学校教諭

〔表紙・イラストレーション：中路和夫／編集協力：（有）ザイン〕

これならできる　授業が変わる　評価の実際
「関心・意欲・態度」を育てる授業

2006年10月16日発行

編著者● 中村祐治／堀内かおる／岡本由希子／尾崎誠
発行者● 山岸忠雄
発行所● 開隆堂出版株式会社
　　　　東京都文京区向丘1丁目13番1号　〒113-8608
　　　　http://www.kairyudo.co.jp
印刷所● 株式会社　興陽社
　　　　東京都文京区西片1丁目17番8号
発売元● 開隆館出版販売株式会社
　　　　東京都文京区向丘1丁目13番1号　〒113-8608
　　　　電話　03-5684-6118
　　　　振替　00100-5-55345

定価はカバーに表示してあります。　　ISBN4-304-02068-4

本書の内容を，無断で転載または複製することは，
著作者および出版社の権利の侵害となりますので，かたく禁じます。

©Yuji Nakamura, Kaoru Horiuchi, Yukiko Okamoto, Makoto Ozaki, 2006